旅游业

生态效率及驱动机制

夏 冰◎著

本书出版得到国家自然科学基金青年科学基金项目"'双碳'目标下旅游业碳效率测度、机理与调控对策研究——以甘南藏族自治州为例"（42201321）资助

THE
ECO-EFFICIENCY
AND
ITS DRIVING
MECHANISM OF
TOURISM
INDUSTRY

经济管理出版社
ECONOMY & MANAGEMENT PUBLISHING HOUSE

图书在版编目(CIP)数据

旅游业生态效率及驱动机制／夏冰著. --北京：经济管理出版社，2023.10
ISBN 978-7-5096-9374-2

I. ①旅… II. ①夏… III. ①生态旅游—旅游业发展—研究—中国 IV. ①F592.3

中国国家版本馆 CIP 数据核字(2023)第 204851 号

组稿编辑：王光艳
责任编辑：王光艳
责任印制：黄章平
责任校对：徐业霞

出版发行：经济管理出版社
　　　　　（北京市海淀区北蜂窝 8 号中雅大厦 A 座 11 层　100038）
网　　址：www.E-mp.com.cn
电　　话：(010)51915602
印　　刷：北京市海淀区唐家岭福利印刷厂
经　　销：新华书店
开　　本：720mm×1000mm /16
印　　张：13.5
字　　数：201 千字
版　　次：2024 年 5 月第 1 版　　2024 年 5 月第 1 次印刷
书　　号：ISBN 978-7-5096-9374-2
定　　价：78.00 元

前言

PREFACE

近年来，我国旅游业高速增长，成为世界第一出境旅游消费国。党的二十大报告指出："坚持以文塑旅、以旅彰文，推进文化和旅游深度融合发展。"旅游业作为我国战略性支柱产业之一，对促进我国区域绿色转型和可持续发展发挥了积极的作用。旅游消费在强劲增长的同时，也带来了严峻的生态环境问题，如更多的碳排放和能源资源消耗、更严重的环境污染和生态风险等。寻求旅游业的经济增长与生态环境影响的平衡，实现旅游业的绿色转型发展，既是我国旅游业发展的自身诉求，也是国家战略需求。生态效率是指生态资源满足人类需求的效率，衡量单位生产和消费对环境产生的影响，是平衡经济增长和生态环境影响、评价可持续发展的重要工具。本书将生态效率作为衡量旅游业绿色发展与可持续发展的重要工具与方法，融合经济学研究尺度和地理学空间尺度的概念，构建了宏观旅游产业、中观旅游行业部门、微观旅游消费三个尺度的旅游业生态效率研究框架，从空间、时间以及消费行为不同维度系统分析了旅游业生态效率的演变特征与一般规律，分析了不同尺度下旅游业生态效率的驱动机制，提出了旅游业绿色发展模式。

第一，在宏观尺度上，本书分析了全国31个省份(不含港澳台)1997~2016年的旅游业生态效率，通过定量模型，系统地分析了全国区域旅游业生态效率的时空演变轨迹、空间集聚特征、驱动因素与外部影响因素。研究发现，全国各省份旅游业生态效率整体呈下降态势，旅游业处于粗放的高速发展阶段。生态环境本底较好的西部地区与经济发展水平较高的东南沿海地区是旅游业高生态效率地区。旅游业低生态效率地区呈扩散态势，高生态效率地区没有空间溢出效应。

技术是提高区域旅游业生态效率的核心驱动因素，交通条件与社会文明程度是提高区域旅游业生态效率的外部驱动因素。

第二，在中观尺度上，以旅游业高速增长的甘肃省为例，通过投入产出表计算新的生态环境指标——直接碳排放与完全碳排放水平，分析了1997~2016年星级饭店、旅行社、旅游景区的多生态环境要素以及在直接碳排放与完全碳排放下的生态效率水平及其驱动因素与影响因素。研究发现，甘肃省旅游业及各部门生态效率演变轨迹均呈一定的"U"形发展趋势。星级饭店碳排放的增长大多来自中间生产环节，但生态效率水平高于其他部门，技术、规模与结构效应是星级饭店生态效率的核心驱动因素。旅行社碳排放更多来自最终生产环节，由于对外界环境的敏感度较高，旅行社各生态效率演化均较为波动，规模效应和资本效应是旅行社的潜在驱动因素。旅游景区直接碳排放和完全碳排放均高于星级饭店和旅行社，生态效率波动较大，技术效应是提升旅游景区生态效率的核心驱动因素。

第三，在微观尺度上，本书以甘肃省张掖七彩丹霞景区为例，从微观旅游的消费者角度对生态效率进行评价，以填写调查问卷的871位游客为对象，分析了871位游客的景区旅游消费生态效率分布特征与驱动因素。研究发现，景区旅游消费生态效率整体水平较低，能源消耗与景区停留时间是主要的驱动因素，但随着消费水平增加边际效应递减。景区附近停留时间越长生态效率水平越高，而景区内停留时间越长生态效率水平越低。旅游花费、游客绿色旅游认知与绿色旅游支付意愿的提高都有利于景区旅游消费生态效率的提高。降低能源消耗、提供低碳旅游产品与配套服务设施、减少游客景区内停留时间是改进景区消费生态效率的重要途径。

第四，通过对比分析不同尺度下旅游业生态效率的分布特征，总结了宏观（区域旅游业）、中观（星级饭店、旅行社与旅游景区等旅游行业部门）、微观（旅游景区消费）三个层面的生态效率驱动机制，资本效应、技术效应、结构效应与规模效应通过不同的影响轨迹作用于不同尺度的旅游业生态效率。在此基础上，提出坚持"生态优先、低碳环保、高效节约、技术创新"的原则，构建基于旅游业生态效率的旅游业绿色发展模式，对我国旅游业的可持续发展具有借鉴意义。

目录
CONTENTS

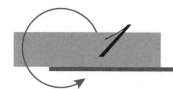

引　言

1.1　选题背景

1.1.1　旅游业是中国经济社会发展的动力产业之一

旅游业作为我国战略性支柱产业之一，对促进我国经济转型和绿色低碳发展发挥了积极的作用。近年来，我国旅游业高速增长，成为世界第一出境旅游消费国，其广泛的产业间与区域间联动效应，在产业结构调整、经济增长、促进就业等方面带来了巨大的经济和社会效益。《中华人民共和国 2019 年国民经济与社会发展统计公报》显示，2019 年，我国国内游客达 60.1 亿人次，比 2018 年增长 8.4%，国内旅游收入为 57251 亿元，比 2018 年增长 11.7%，远高于当年全国GDP 增长速度。在我国以消费拉动经济发展的背景下，旅游业作为中国消费市场的核心与主导产业，对中国的经济和社会发展具有重大的战略意义。

1.1.2　低碳旅游、绿色消费是中国式现代化背景下中国旅游业发展的内在要求

随着我国进入大众旅游和旅游业高速增长阶段，旅游业对生态

的影响不断加大对环境的污染程度越来越严重，矛盾日趋尖锐，积极探索旅游业和生态环境的关系，寻找度量旅游业对生态环境影响程度的科学、有效的工具是实现旅游业绿色发展的重要课题。在联合国可持续发展目标（Sustainable Development Goals，SDGs）中，旅游业成为实现全球可持续发展的核心产业，可持续发展已成为全球旅游业发展的主题。党的二十大报告指出"中国式现代化是人与自然和谐共生的现代化"，"坚持可持续发展，坚持节约优先、保护优先、自然恢复为主的方针，像保护眼睛一样保护自然和生态环境，坚定不移走生产发展、生活富裕、生态良好的文明发展道路，实现中华民族永续发展"。新时代，我国产业生态化、生态产业化和经济发展全面绿色转型成为国家战略需求，旅游业生态效率及优化对策研究是探索旅游业绿色转型的重要途径。

1.1.3 旅游业经济增长与生态环境协调发展迫在眉睫

在权威学术期刊 Nature 发表的文章表明，旅游业作为全球贸易中活跃的消费部门，碳排放贡献占全球碳排放的 8% Lenzen 等（2018）。旅游业"碳泄漏"问题让人们重新审视旅游业对生态环境的影响。近年来，随着国内旅游的蓬勃发展，各地旅游业发展如日中天，环境污染、生态破坏、建筑污染、土地资源浪费等生态环境问题也日益凸显。旅游业发展对生态环境的影响陷入发展与保护的"两难困境"（姚治国等，2016）。我国旅游业在快速增长的同时，也带来了一系列生态环境问题，例如，自驾旅游的兴盛导致旅游交通能源消耗与碳排放增加，休闲度假旅游的蓬勃发展导致旅游饭店部门水、能源等的资源消耗不断增加，自然风景区游客超载导致了更严重的生态安全问题。根据国际经验，我国人均收入突破 1 万美元，即将迎来新一轮大众旅游的高潮，旅游业进入高速增长阶段；加之，我国国内国际双循环的新发展格局，未来五年扩大内需、发展旅游消费等战略的实施，国内旅游消费将持续扩张。未来，在市场需求和政策引导的双轮驱动下，我国旅游业必将迎来"井喷式"发展，势必给生态环境保护工作带来更大的压力。

1.1.4　生态效率研究是实现旅游业可持续发展的重要工具

旅游业生态效率是既包含经济产出又包含生态环境影响的生态经济系统投入产出效率，是表征经济价值与环境影响的指标。作为一种管理工具，生态效率能提升区域与企业的可持续发展能力（刘军、马勇，2017；Angelakoglou and Gaidajis，2015；Caiado et al.，2017）。从理论内涵来看，它强调经济活动对环境影响的减量化，强调经济产出的最大化，强调环境影响与经济价值之间的最优化（马勇、刘军，2016）。综上所述，在绿色发展和生态文明建设背景下，生态效率是科学评价旅游业生态环境影响和经济效应的重要工具，对旅游业的可持续发展具有重要的指导意义。

1.2　研究意义

1.2.1　创新旅游业可持续发展的研究视角与方法

旅游业可持续发展一直是旅游业研究的前沿与热点（张敏等，2017），随着国家"十三五"时期提出的绿色发展理念的不断深化与拓展，旅游业实现了从可持续发展到绿色发展，再到人与自然和谐共生的现代化。本书将旅游业作为生态经济系统，将旅游业对生态环境的影响因素纳入旅游生态经济系统投入产出指标体系，构建旅游业生态效率研究框架，能够修正旅游业发展中经济效益优先的思想，进一步丰富和完善旅游业可持续发展理论。

1.2.2 拓展生态经济学的研究对象与研究领域，促进多学科交叉融合

生态经济学是生态学和经济学交叉融合形成的一门学科，从自然和经济两个角度观察和研究客观世界（张帆、李东，2007）。生态经济系统、生态经济平衡、生态经济效益是生态经济学的三个重要范畴（王松霈，2000）。本书将生态经济系统中的生态效率引入旅游业可持续发展评价体系，试图构建旅游业生态经济系统，将区域旅游业、旅游行业部门和微观旅游消费行为作为生态效率的评价对象，拓展了生态经济学的研究对象和研究领域。本书在生态学和经济学交叉融合的基础上，涉及了旅游经济学、旅游地理学、人文地理学、区域经济学、计量经济学等多学科理论。研究方法包括数据包络分析、空间热点与重心分析、空间自相关分析、面板 Tobit 与时间序列 Tobit 回归分析、多元统计分析等多种方法与模型。多学科理论与方法相融合，促进了多学科的交叉融合。

1.2.3 提供生态管理工具，实现旅游业低碳生产与绿色消费

生态效率对产业生态生产（Shi et al.，2017；Rudenauer et al.，2005）与微观企业的生态管理（Robaina-Alves and Medeiros，2015；Lockrey，2015）具有很强的指导价值与广泛的实践应用价值。本书突破已有旅游总收入、旅游接待人次的旅游业评价指标，通过构建生态效率研究框架，对不同尺度旅游业生态效率进行测度和优化，推进区

域旅游业、旅游行业部门、旅游企业从绿色生产到旅游消费，实现旅游生态经济系统协调发展。

1.2.4 揭示旅游业绿色发展的驱动机制，实现旅游业可持续发展目标

旅游业作为区域经济发展中最具潜力的经济增长点，同时肩负着区域产业结构转型优化与区域可持续发展的重要使命。本书通过计量经济学对不同尺度下旅游业生态效率驱动因素进行研究，试图揭示旅游业生态效率的内在发展规律与驱动机制，探索旅游业生态环境影响与经济效应平衡发展的内在机理，为构建旅游业绿色发展模式，实现旅游业可持续发展目标，提供了科学支撑与理论指导。

1.3 研究范围与研究对象

从经济学角度来看，一个经济系统一般可以包括三个尺度，即微观（企业）、中观（产业）和宏观（经济系统）。对应旅游业经济系统，微观尺度是指景区、饭店、旅行社等企业组织；中观尺度是指旅游业各行业部门，包括旅游景区、旅游饭店、旅行社等；宏观尺度是指区域旅游业。

中国地域广袤，旅游资源丰富。20 世纪 90 年代以来，中国经济高速发展，改革开放力度不断加大，31 个省份（不含港澳台）旅游业得到了长足的发展，不同区域经济社会与文化背景下的旅游业发展轨迹也各不相同。因此，宏观尺度选择 1997~2016 年中国 31 个省份（不含港澳台）作为研究对象，分析不同时空维度下的旅游业生态效率，既可以反映高速经济社会发展下的旅游业投入产出特征，也可以反映旅游业要素流动的空间规律。

甘肃是我国旅游资源较丰富的省份之一，1997~2016年，甘肃省旅游业以平均32%的速度增长，远高于全国17%的平均水平。同时，甘肃也是我国北方防沙与青藏高原生态屏障核心地段，生态极为脆弱，甘肃省旅游业经济发展与生态环境保护的矛盾日益突出。因此，本书中观尺度选择甘肃省，系统分析1997~2016年甘肃旅游业生态经济系统的生态效率水平，以揭示旅游业经济增长与生态环境保护协同发展的一般规律与驱动机制。

近年来，张掖七彩丹霞景区的游客接待量逐步攀升，是甘肃旅游业增长极，也是甘肃旅游业发展的缩影。该景区位于青藏高原南麓祁连山脚下，生态环境脆弱，是典型的自然观光型景区。因此，本书微观尺度选择张掖七彩丹霞景区作为研究对象，揭示景区旅游消费生态效率的一般规律与驱动机制，以期为快速发展的自然观光类景区以及国家公园绿色发展等提供借鉴与参考。

因此，本书结合地理空间尺度概念，宏观尺度选取全国31个省份(不含港澳台)旅游业作为研究对象，中观尺度选取甘肃省星级饭店、旅行社与旅游景区作为研究对象，微观尺度选取张掖七彩丹霞景区作为研究对象，以系统地分析不同尺度和维度的旅游业生态效率的时空演化规律与驱动机制。

1.4 研究方案

1.4.1 研究目标

1.4.1.1 理论研究目标

拓展旅游业可持续发展理论，构建旅游业生态效率研究框架，完善旅游生态经济学理论，丰富生态旅游与旅游经济理论内容。

1.4.1.2 实证分析目标

分析不同尺度下的旅游业生态效率内在发展规律与驱动机制，解决其生态效率评估方法和演化机理的共性、特性，以期为旅游业与生态环境协调发展提供理论和方法借鉴。

1.4.1.3 应用分析目标

构建基于生态效率提升的旅游业绿色发展模式，以期为旅游业绿色发展提供理论支撑与政策指导。

1.4.2 研究内容

1.4.2.1 旅游业生态效率研究框架的构建

本书根据生态经济学、空间经济学理论，拟构建宏观(区域旅游业)、中观(旅游行业部门)、微观(旅游景区)三个不同尺度的旅游生态经济系统，分析三个尺度生态经济系统的内涵、特征与功能。在此基础上，分析不同尺度下旅游业生态效率的内涵，构建多尺度旅游业生态效率评价指标体系与分析框架。

1.4.2.2 全国区域旅游产业生态效率与驱动机制分析

以我国 31 个省份(不含港澳台)旅游业为研究对象，通过宏观旅游业生态效率的研究框架与指标体系，将旅游业能源消耗、水资源消耗、二氧化碳排放、二氧化硫排放、废水排放等污染物排放作为生态环境指标，上述指标通过剥离系数法获得(李江帆、李美云，1999)，以能源消耗、水资源消耗、劳动力投入、固定资产投入等作为生态效率的投入指标，将旅游业收入作为产出指标，将废水、垃圾、二氧化硫、二氧化碳排放作为非期望产出，通过数据包络分析中的包含非期望产出的模型进行效率分析（Undesirable Output Model，UOM），以我国 31 个省份（不含港澳台）为决策单元（Decision Making Unit，DMU）测算全国各省份旅游产业生态效率，通过重心分析、热点分析等时空分析方法，分析全国旅游业生态效率中心的移动轨迹与空间格局演化，通过面板 Tobit 回归模型与地理探测器模型分别分析影响空间分异的驱动因素与影响因素，以揭示宏观层面旅游业生态效率的驱动机制。

1.4.2.3 甘肃省旅游部门生态效率与驱动机制分析

以甘肃省景区、星级饭店、旅行社 3 个旅游产业要素部门为研究对象，通过中观层面旅游部门生态效率的研究框架与指标体系，分别测算多环境因素以及直接碳排放、完全碳排放的旅游部门生态效率。其中，创新性地使用间断的投入产出表估算各部门 1997～2016 年的直接碳排放与包括了间接碳排放的完全碳排放量。通过 UOM 以每个年度为决策单元测算甘肃省星级饭店、旅行社与景区 1997～2016 年的生态效率。通过时间序列 Tobit 回归模型识别甘肃省各旅游部门的驱动因素，通过相关分析识别间接外部影响因素，进一步揭示中观层面旅游部门生态效率的驱动机制。

1.4.2.4 张掖七彩丹霞景区旅游消费生态效率与驱动机制分析

以甘肃省张掖七彩丹霞景区为研究对象，从游客消费角度，通过构建微观层面旅游景区旅游消费生态效率的研究框架与指标体系，将旅游景区能源、水资源、垃圾排放、废水排放作为生态环境指标，通过问卷调查与实地访谈获取相关数据，利用 UOM，以每位游客为决策单元，评价参与调查的 871 位游客的生态效率水平，描绘不同游客群体对张掖七彩丹霞景区生态经济系统的影响，根据不同消费水平分析景区旅游消费的驱动因素与影响因素，进一步揭示微观层面旅游景区旅游消费生态效率的驱动机制。

1.4.2.5 构建基于生态效率的旅游业绿色发展模式

根据实证分析的结果，进一步对比不同尺度下旅游业生态效率及其驱动机制，提出不同尺度下提升旅游业生态效率的优化对策，构建基于生态效率的旅游业绿色发展模式。

1.4.3 研究方法

1.4.3.1 生态效率测算应用的研究方法

生态效率的测算方法有经济—生态单一比值法、指标体系法和模型法，其中模型法中的数据包络分析法能够综合分析多种投入和多种产出的相对效率。旅游业生态效率的投入产出涉及多个方面，因此，本书选取数据包络分析方法研究旅游业生态效率，以弥补单一比值法对指标选取的限制，避免指标体系法权重赋值的主观性，以更客观地反映旅游业发展的一般规律与客观现实。本书选用的 UOM 是数据包络分析中的一种非径向度量方法（SBM）（Cooper et al., 1999），模型将松弛变量引入目标函数，解决了投入松弛性问题和非期望产出下的效率评价问题（魏权龄，2000）。本书应用 UOM 分析不同尺度下的旅游业生态效率，宏观尺度将各省份作为决策单元，中观尺度将时间（年度）作为决策单元，微观尺度将旅游消费者作为决策单元。

1.4.3.2 数据收集与统计应用的研究方法

（1）旅游消费剥离系数法

李江帆和李美云（1999）提出了"旅游消费剥离系数"概念，将旅游业的能源消费量从相关行业能耗消费总量中剥离出来，当核算二氧化碳排放量时，结合联合国政府间气候变化专门委员会（IPCC）评估报告中的碳排放计算方法（Mosier et al.，1999），折算旅游业碳排放。本书通过旅游消费剥离系数法计算宏观旅游产业与中观旅游部门生态效率测算中的生态环境指标。

（2）投入产出分析

投入产出分析是由经济学家瓦西里·列昂惕夫（Wassily Leontief）于1936年提出的。我国从1987年开始编制全国投入产出表，各省份同步编表，每5年编制一次，逢2、7年份编制投入产出表（董雪旺，2011）。本书主要采用甘肃省1997年、2002年、2007年、2012年四个年份的投入产出表计算旅游各行业部门的直接碳排放与完全碳排放指标，分析甘肃省的旅游行业部门在直接碳排放和完全碳排放下的生态效率。

（3）网络问卷调查法

网络问卷调查主要通过"问卷星"等网络平台，利用手机微信客户端，实现电子调查问卷的发放与填写。调查问卷获得的数据可信度较高，可以补充和丰富统计数据。本书主要通过问卷调查法收集并估算能源、劳动力、资本投入、旅游收入、垃圾和废水排放量等生态效率投入产出数据。

1.4.3.3 时空格局与演化分析应用的研究方法

（1）热点分析

热点分析是用来识别空间具有显著统计性的高值和低值的空间聚类分析。可以分析某一空间属性值的分布特征（王劲峰，2010）。本书主要通过 Getis-Ord G_i^* 对全国旅游业生态效率空间热点聚类进行分析，以揭示旅游业生态效率的空间格局。

（2）重心坐标分析

重心坐标分析最早来源于数学领域中的几何分析，是描述物体空间特质的一种计量方法，通常用于具有几何坐标的物体上，具有良好的仿射性质。在地理学中引入重心坐标分析能够解决区域属性的空间变迁问题，涉及区域经济重心、区域空间结构均衡测度等，刻画了空间属性的集聚特征及偏移轨迹(曹芳东等, 2014)。本书主要应用于分析宏观旅游业生态效率的空间演化格局。

(3)空间自相关分析

空间自相关是指地理事物分布于不同空间位置的某一属性值之间的统计相关性(王劲峰, 2010), 本书主要通过全局空间自相关分析和局域空间自相关分析来探讨全国各省份旅游业生态效率的空间相互关系。

1.4.3.4 驱动因素分析应用的研究方法

(1)Tobit 回归分析

Tobit 模型由 Tobin 提出, 属于一种因变量受限的回归模型, 它能够解决受限或截断因变量的模型构建问题(陈强, 2014; 彭红松等, 2017)。本书主要运用 Tobit 模型对不同尺度下生态效率驱动因素进行识别, 分析不同尺度下旅游业生态效率的驱动机制。在宏观尺度是面板数据, 在中观尺度是时间序列数据, 在微观尺度则是具有正态分布特征的截面数据。

(2)地理探测器分析

地理探测器是探测空间分异性以及揭示其背后驱动力的一组统计学方法, 地理探测器模型可以检验单变量的空间分异性, 也可以通过检验两个变量空间分布的一致性, 来探测两变量之间可能的因果关系, 在分析地理要素格局演变和地域空间分异等方面应用非常广泛(刘彦随、李进涛, 2017; 吕晨等, 2017; 孙黄平等, 2017; 丁悦等, 2014)。本书主要通过地理探测器方法来分析全国旅游业空间分异特征的驱动因素, 以揭示全国旅游业生态效率的驱动机制。

1.4.4 技术路线

本书的技术路线如图 1-1 所示。

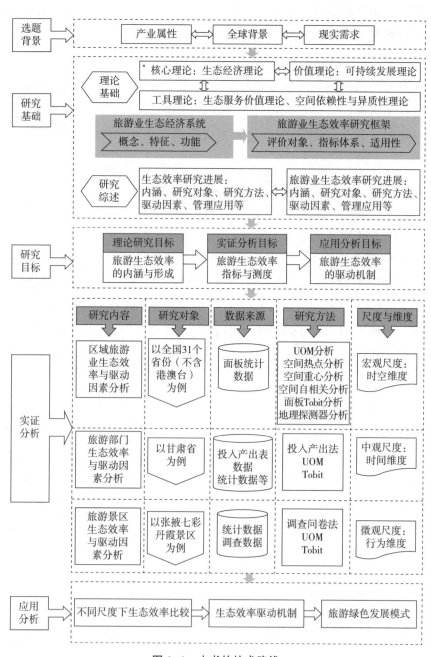

图 1-1　本书的技术路线

1.5　研究的创新性

第一，本书提出了不同尺度下的旅游业生态效率研究框架，是对旅游业生态效率研究理论的有益补充。本书从旅游生态经济系统与旅游业供求关系出发，构建宏观(区域)尺度、中观(行业)尺度、微观(景区)尺度的旅游业生态效率投入产出指标体系，分析生态效率的空间、时间以及不同人群的分布特征，拟通过驱动因素和影响因素的识别揭示旅游业生态经济系统的运行机理。

第二，本书多投入、多产出的数据包络分析法的应用，是对旅游业生态效率在研究方法上的深入探索和完善。根据不同尺度下生态效率的形成机理，构建生态效率指标体系，引入包含非期望产出的非径向数据包络分析方法，对多投入、多产出的旅游业生态效率进行测算，是本书在研究方法上的创新。同时，应用多种方法估算旅游业生态效率指标，通过自上而下的剥离系数法、投入产出法和自上而下、自下而上相结合的系数测算法等，弥补了旅游业相关统计数据的缺失。

第三，本书提出的基于生态效率的旅游业绿色发展模式，对我国旅游业绿色转型和高质量发展具有指导意义。本书通过对不同尺度旅游业生态效率的评价，将旅游业作为一个有机的生态经济系统，构建基于提升微观层面旅游供需关系的旅游产品与服务、中观层面旅游产业要素以及宏观层面旅游业整体运行的旅游业绿色发展模式，以探索旅游业绿色发展模式的新思路。

文献综述

2.1 相关概念

2.1.1 旅游业及其边界

关于旅游业的定义和边界，国内外学者一直存在着分歧（见表 2-1）。

表 2-1 旅游业相关定义与边界

定义来源	定义
Leiper（1979）	旅游业是由旨在满足旅游者特定需求与愿望的所有企业、组织机构和设施组成的行业
Lundberg（1995）	旅游业是为国内外旅游者服务的一系列相关联的行业，是以旅游者为对象，为其旅游活动创造便利条件，并提供所需商品和服务的综合性产业，由餐馆、住宿设施、交通设施、旅游景点、娱乐设施、旅游研究、旅游吸引物、政府部门等组成
吴必虎（2009）	人们从事旅游活动提供产品和服务的企业或组织的总和
国家统计局（2015）	旅游业是指直接为游客提供出行、住宿、餐饮、游览、购物、娱乐等服务活动的集合

资料来源：笔者整理。

Leiper(1979)指出，旅游业是由满足旅游者特定需求的企业、组织机构和设施组成的产业，Lundberg（1995）认为旅游业是以旅游者为对象，为其旅游活动创造便利条件，并提供所需商品和服务的综合性产业，由餐馆、住宿设施、交通设施、旅游景点、娱乐设施、旅游研究、旅游吸引物、政府部门等组成。

我国学者吴必虎(2009)从供给角度出发，认为旅游业是人们从事旅游活动提供产品和服务的企业或组织的总和。

2015年，国家统计局发布了《国家旅游及相关产业统计分类（2015）》，将旅游业分为旅游业和旅游相关产业两大部分，"旅游业是指直接为游客提供出行、住宿、餐饮、游览、购物、娱乐等服务活动的集合，旅游相关产业是指为游客出行提供旅游辅助服务和政府旅游管理服务等活动的集合"。

旅游业的定义分歧是旅游业的概念性定义和技术性定义的区别（董雪旺，2011）。国内外学者对旅游业的定义多从旅游者的需求角度衡量，把给旅游者提供产品的相关产业和相关政府部门作为旅游业的研究边界，是概念性定义，这类定义没有明确界定旅游业的边界，很难进行实际统计。而国家统计局对旅游业的界定是技术性定义，边界清晰，符合国家统计的现实需要，数据容易获得，易于操作理解。

本书实证研究需要大量的旅游业统计数据，需要清晰的边界，因此，本书采用旅游业的技术性定义，指旅游业核心部门，不包括旅游业相关产业，采用国家统计局的界定：旅游业是指直接为游客提供出行、住宿、餐饮、游览、购物、娱乐等服务活动的集合。旅游业的行业部门包括星级饭店、旅行社、旅游景区、旅游餐饮、旅游购物、旅游游乐等服务部门。

2.1.2 生态效率

效率是经济学研究的重要对象，在经济学理论中，效率主要包括三个层面的含义：一是生产效率，即单位生产要素投入产出比；二是资源配置效率，即现有生产资源投入与人类满足收益之间的对比程度；三是非资源配置效率，即在一定的资源配置情况下，由于企业内部管理水平提高而实现的经济效益的增加（许旭，2011）。可见，"效率"在本质上是一种投入产出关系，是通过尽可能少的投入获得尽可能多的产出。

近十余年来，在经济合作与发展组织（Organization for Economic Cooperation and Development，OECD）和世界可持续发展工商理事会（World Business Council for Sustainable Development，WBCSD）等国际组织以及众多学者的推动下，生态效率这一概念引起了政策制定者、研究者和企业管理者的高度重视，在许多领域得到普及与应用（见表2-2）。

Mickwitz 等（2006）指出，生态效率是一个分析可持续能力的工具，反映了经济活动与环境成本和环境冲击之间的实践关系。Picazo-Tadeo 等（2011）认为，生态效率反映了一个企业、一个产业或一个经济体以更小的环境代价和更低的资源消耗来获取产品和服务的能力。在此基础上，Huang 等（2014）从更综合的角度提出，生态效率是资源环境双重约束下一个区域的投入产出效率。

在生态经济理论中，效率是生态经济系统的核心问题，是生态经济系统运行的目标。因此，生态效率是一种综合的投入产出效率，它反映的是经济活动与生态环境影响之间的关系，是衡量生态经济系统运行情况的核心指标。它在衡量单一投入和单一产出之间关系时，是一种比值关系；在衡量多投入和多产出之间关系时，是一种投入产出效率。

本书认为，生态效率是衡量劳动力、资本、能源等多种投入，以及收入、废水、垃圾、废气等多种产出之间的投入产出效率。它包含了对经济系统和生态系统的双重评价，是生态经济系统的度量工具。

表 2-2　生态效率的定义

定义来源	定义
世界可持续发展工商理事会（1992）	通过提供具有价格优势的服务和产品，在满足人类高质量生活要求的同时，把整个生命周期中对环境的影响降到至少与地球的估计承载力一致的水平
经济合作与发展组织	生态资源满足人类需求的效率
欧洲环境署（EEA）	以最少的自然界投入创造更多的福利
国际金融组织环境投资部（EFG-IFC）	通过更有效的生产方式提高资源的可持续性
联合国贸易和发展会议（UNCTAD）	增加（至少不减少）股东价值的同时，减少对环境的破坏
澳大利亚政府	生态效率是一个管理的过程，它是设计用来从最少（投入）获得最多（产出），可以通过增加矿物质的回收，减少水、能源等的投入，减少环境影响等来获得
Mickwitz 等（2006）	生态效率是一个分析可持续能力的工具，反映了经济活动与环境成本和环境冲击之间的实践关系
Picazo-Tadeo 等（2011）	生态效率反映了一个企业、一个产业或一个经济体以更小的环境代价和更低的资源消耗来获取产品和服务的能力
Huang 等（2014）	生态效率是资源环境双重约束下一个区域的投入产出效率
本书	生态效率是衡量劳动力、资本、能源等多种投入，以及收入、废水、垃圾、废气等多种产出之间的投入产出效率。它包含了对经济系统和生态系统的双重评价，是生态经济系统的度量工具

资料来源：笔者整理。

2.1.3　旅游业生态效率

不同学者对旅游业生态效率的定义如表 2-3 所示。

表 2-3　不同学者对旅游业生态效率的定义

定义来源	定义
Gössling 等（2005）	旅游业生态效率可以用于评估旅游目的地和旅游交通、住宿、旅游活动等不同层级旅游部门的可持续发展水平
李鹏等（2008）	旅游业生态效率是在一定时间内，某一可以计量的旅游运营单位（如部门、企业）提供的产品与服务所产生的经济价值与环境支出之间的比值，可以分为旅游产业生态效率、旅游部门生态效率、旅游企业生态效率、旅游产品生态效率四个层次
姚治国（2013）	将旅游产品与服务价值细化为旅游消费、旅游经济等指标，将旅游环境影响细化为旅游碳足迹、旅游能源消耗、水源消耗指标
刘军和马勇（2017）	旅游业生态效率是旅游投入与旅游产出的关系，在旅游企业层面上是企业节能减排、可持续发展的变化，对旅游目的地来说则是反映旅游产业投入产出对环境影响的变化
本书	旅游业生态效率是指旅游业及其核心部门通过劳动力、资本、资源、能源等投入，为游客提供游客出行、住宿、游览、娱乐等服务与产品的经济产出，以及对生态的影响和造成的环境污染的投入产出关系

资料来源：笔者整理。

旅游业对生态环境的影响研究开始较早，研究结果也表明旅游业对生态环境存在一定的负面影响（杨絮飞，2004；Budeanu，2009；Gössling et al.，2005；Yang et al.，2008；Tepelus and Cordoba，2005；颜文洪、张朝枝，2005）。自可持续发展理念提出以来，旅游业可持续发展成为各界关注的重点，国内外学者对旅游业可持续发展的概念内涵、发展评价、发展路径进行了诸多研究（Gössling et al.，2002；Tepelus and Cordoba，2005；Zhang，2016；Malone，2017；Dedeke，2017）。生态效率概念的提出，可以兼顾经济发展和生态环境可持续发展，国内外开始有学者将生态效率引入旅游业生态效率的研究，但在已有研究中，明确提出旅游业生态效率概念的研究文献非常有限（刘军、马勇，2017），Gössling 等（2005）是首先提出旅游业生态效率的学者，并指出旅游业生态效率可以用于评估旅游目的地和旅游交通、住宿、旅游活动等不同层级旅游部门的可持续发展水平。国内学者李鹏等（2008）用单位产品与服务的价值的环境影响来表示旅游产品生态效率，他在《旅游业生态效率》一书中，阐述了旅游业生态效率的内涵，指出旅游业生态效率是在一定时间内，某一可以计量的旅游运营单位（如部门、企业）提供的产品与服务所产生的经济价值与环境支出之间的比值，可以分为旅游产业生态效率、旅游部门生态效率、旅游企业生态效率、旅游产品生态效率四个层次。姚治国（2013）进一步将旅游产品与服务价值细化为旅游消费、旅游经济等指标，将旅游环境影响细化为旅游碳足迹、旅游能源消耗、水源消耗指标。国内学者刘军和马勇（2017）在梳理国内外旅游业生态效率研究进展的基础上，也总结了旅游业生态效率的概念，认为旅游业生态效率是旅游投入与旅游产出的关系，在旅游企业层面上是企业节能减排、可持续发展的变化，在旅游目的地层面则是反映旅游产业投入产出对环境影响的变化。

综上所述，旅游业生态效率是指旅游业及其核心部门通过劳动力、资本、资源、能源等投入，为游客提供交通出行、住宿、游览、娱乐等服务与产品的经济产出，以及对生态的影响和造成的环境污染的投入产出关系。本书中的旅游业生态效率包括以下几个内涵：

其一，旅游业生态效率是旅游业生态经济系统的度量工具，是衡量旅游业绿色发展水平的综合指标。

其二，旅游业生态效率是衡量旅游活动过程中多种投入和多种产出包括污染排放的相对投入产出关系，该投入产出关系是对旅游业生态经济系统更综合、更系统的反映，用0~1的数值表示，目前国际上多采用这种概念，它不同于衡量单位旅游产品和服务价值的生态环境影响的生态效率。

其三，旅游业对生态环境的影响包括旅游业及各部门旅游活动中的资源与能源的消耗，以及废水、废气、垃圾等污染物的排放。

其四，旅游业生态效率可以分为产业、行业部门和企业三个层面。

本书中的旅游业生态效率衡量的是旅游业生态经济系统不同尺度下和不同决策单元间的相对投入产出关系。

2.2　理论基础

2.2.1　生态经济理论

生态经济学是生态学和经济学交叉融合形成的一门学科，从自然和经济两个角度观察和研究客观世界（张帆、李东，2007）。国内学者王松霈（2000）认为，在生态经济学的理论范畴体系中，有生态经济系统、生态经济平衡、生态经济效益三个基本理论范畴，其中，生态经济系统是载体，生态经济平衡是动力，生态经济效益是目的，共同推动整个国民经济走向生态与经济协调和可持续发展。生态经济学涉及三个基本问题，即效率、最优和可持续，这三个问题之间存在着内在逻辑，效率是实现手段和基础，最优是路径选择，可持续是发展目标。要实现可持续发展，对于全社会而言就要选择最优的发展方式。要实现最优发展，资源配置的效率是先决条件（李鹏，2013）。同时，三个基本理论范畴和三个基本问题可以形成相互对应的关系，即生态经济系统对应的是效率问题，生态经济平衡对应的是最优问题，生态经济效益对应的是可持续发展问题。

本书基于生态经济学理论，认为旅游业是生态系统与经济系统复合的生态经济系统，生态效率是对该系统的度量，属于生态经济学中的生态经济系统研究范畴。衡量生态效率是旅游业选择最优化发展路径的基础与前提，最终目标是实现旅游业可持续发展。

2.2.2　可持续发展理论

布伦特兰夫人在1987年的联合国世界环境与发展委员会上发表

的报告《我们共同的未来》，首次提出了可持续发展概念：在满足当代人的需求的同时，又不损害后代人满足需要的发展（王如松、欧阳志云，1996）。可持续发展理论发展至今已成为指导经济社会发展的核心理论，也是我国生态文明建设和绿色发展的理论内涵。旅游可持续发展理论要求旅游对生态环境与自然资源的可持续利用，在旅游促进地区经济社会发展的同时，实现对旅游目的地生态环境的保护。

可持续发展也是生态经济理论的外在表现，是生态经济系统的目标与价值指引。旅游可持续发展是旅游生态效率的价值基础与指导目标，旅游生态效率也是实现旅游可持续发展的有效手段。本书研究旅游业生态效率的最终目标是实现旅游业的可持续发展。

2.2.3　生态系统服务价值理论

生态系统服务价值是指人类直接或间接从生态系统得到的利益（严茂超，2001），主要包括向经济社会系统输入有用物质和能量、接受和转化来自经济社会系统的废弃物，以及直接向人类社会成员提供服务所具有的价值进行的货币价值量的衡量（Costanza et al.，1991）。生态系统服务功能的形成依赖一定的空间和时间尺度上的生态结构与过程，只有在特定的时空尺度上才能表现其显著的主导作用和效果，不同尺度的生态系统服务功能对于不同尺度上的利益相关方来说具有不同的重要性（傅伯杰等，2009）。

旅游活动是消费生态系统服务价值的人类活动，旅游者也是生态系统服务中重要的利益相关方，通过生态效率探讨旅游活动在不同尺度下对生态系统服务价值的影响是生态系统服务价值的尺度特征和多尺度关联研究的题中应有之义。生态服务价值是生态效率对生态环境维度指标的核心与内涵。生态系统服务价值理论是本书衡量、测算旅游生态环境效应指标的指导理论。

2.2.4 空间依赖性与异质性理论

任何一个地方的现象总和不是单一的统一体，而是许多松弛相互关联的分片的复合物，其中每一分片由密切相互关联的现象组成；某些现象不但更依赖地区联系性，同一现象在世界不同部分具有很大差异性(R.哈特向，2011)。空间依赖性与异质性理论由此产生，它们是地理学中两个核心空间关系，又被称为地理学第一定律与第二定律(崔功豪，2006；李小建，2006)。

本书对不同尺度下的旅游业生态效率分析也包含了不同空间尺度的概念内涵，每一尺度下也包括不同的地域单元，不同地域单元之间生态效率的相关性和分异性是探讨旅游业生态效率驱动机制的有效方式和路径。空间依赖性和异质性理论是本书对生态效率在不同空间尺度下的空间相关性等进行分析的指导理论。

2.2.5 旅游地域系统理论

旅游地域系统是在一定地域空间上旅游系统的表现形式，是旅游活动在地理空间上的投影，它是由相互关联、相互作用的若干组成部分构成的在一定地域空间上的有机整体，包括自然、社会、经济等众多因素，既是一个要素综合体，又是一个地域综合体，具有发生、发展的演化过程。旅游地域系统体现了旅游系统结构与功能的相互关系及其本质属性(李雪，2011)。

本书分别从全国、省域、景区三个空间尺度地域范畴，对旅游业进行了划分，首先是不同地域空间系统生态经济系统层次的划分，其生态效率研究是对三个地域空间的生态经济系统结构与功能关系和本质的研究。旅游地域系统理论是本书不同旅游业生态经济系统有机结合的核心理论。

2.2.6 经济地域运动论

经济地域运动是指经济地域系统的成分(物质成分与非物质成分)、结构(部门结构与空间结构)、功能规模(经济实力与地域范围)、等级(经济发展水平和空间结构演变的层次)、性质等在不可逆的时间序列中有机的空间演变过程(陈才,2009)。

旅游业发展具有要素流动性,符合经济地域运动的一般规律。旅游业生态效率的空间演变过程首先是旅游景点等物质旅游资源和民俗文化等非物质旅游资源通过不同结构,包括不同空间结构(不同省份)、不同部门结构(不同旅游部门),形成不同生态效率水平和空间结构演变的层次,整体在时间序列上有机的演变过程。该理论是本书生态效率时空演变分析的核心理论。

2.3 国内外研究进展

2.3.1 生态效率研究进展

2.3.1.1 生态效率的研究对象

从研究尺度上看,生态效率的研究对象主要包括微观企业尺度、中观行业尺度和宏观区域尺度三个层面。

企业及其产品系统生态效率的应用是国外学术界最热门也是最全面的研究对象(尹科,2015)。提出生态效率概念的 WBCSD 是由全世界大型企业组织组成的企业联合会,提出的目的在于引导企业朝可持续发展方向发展,因此企业在其产品的生产流程上开展了广泛的研究和应用。企业层面生态效率的研究包括工艺流程、产品生产、环境绩效与财务绩效关系、企业运营管理生态效率、企业生产链等。Lu 等（2023）通过两阶段数据包络分析中的定向距离函数，评估了苹果公司价值链同行的生态效率、创造价值和盈利能力，发现苹果公司具有比同行更高的生态效率水平。Kuo 等（2020）应用数据包络分析法（DEA）探索全球集装箱航运公司的货物和生态效率，并通过回归方程研究了生态效率的决定因素，发现船舶数量、资产回报率和资产周转率与货物和生态效率都有很大关系。Vasquez 等（2019）建立了包括环境管理系统的可用性、环境知识、组织文化以及环境监测和控制的生态效率评估框架，并对哥伦比亚波哥大的 17 家木材工业中小企业进行了探索性研究。Zhu 等（2017）通过生命周期法对制造业过程链进行分析，提出了制造业价值和碳排放的估算模型，在此基础上，建立了求解过程链决策问题的目标是最大限度提高生态效率的决策模型，并通过套筒零件制造工艺的实例验证了该方法的有效性。Martín-Gamboa 等（2018）通过生命周期法和动态 DEA 方法分析了西班牙 20 家天然气循环电厂的生态效率，发现这些电厂的生态效率与操作时间紧密相关。Liu 等（2017）通过构建 DEA 交叉效率评价模型，分析了燃煤电厂生态效率水平。Lucato 等（2017）通过单一比值法分析了巴西中小纺织上市公司企业生态效率，发现公司规模越大，生态效率越差，同时分析了环境绩效与财务绩效之间的关系。Wang 等（2017a）提出了一种以资源、经济和环境为约束条件的核心生态工业链设计方法，利用 DEA 对生态产业链效率进行评价，将约束条件逐步纳入核心生态产业链，通过对电解铝厂的实证研究验证了该方法的有效性。

在行业层面，生态效率研究包括农业（龚书婕、纪思颖，2023；陈阳、穆怀中，2022；Vlontzos and Pardalos，2017；Fei and Lin，2017）、工业（张立华、邢会，2022；卢燕群、袁鹏，2017；Gouveia et al.，2023；Fan et al.，2017a，2017b）、服务业等不同领域。在农业生态效率研究方面，龚书婕和纪思颖（2023）引入生态学中能值分析的理论和方法，对安徽省相关地区进行了农业生态效率测算。陈阳和穆怀中（2022）从农业经济增长、农业生态环境保护、资源节约三个方面构建中国农业生态效率分析框架，利用超效率 DEA-SBM 模型和 DEA-Malmquist 指数法测算了中国农业生态效率；并分析其农业生态效率值的变化趋势。Vlontzos 和 Pardalos（2017）对欧盟国家 2006~2012 年环境效率水平进行评价，得出相比发展中国家，欧盟国家农业环境效率水平偏低的结论。Rebolledo-Leiva 等（2017）通过生命周期法分析了 5 个有机蓝莓果园三个生产季节的碳足迹，并进一步通过 DEA 模型分析了 5 个果园的生态效率，认为 LCA-碳足迹-DEA 分析方法是确定生态效率和减少温室气体排放的工具。Godoy-Duran 等（2017）分析了西班牙东南部家庭农场的生态效率，发现农场在废物管理方面是无效的，在用水和氮平衡方面的效率相对较低；产品的专业化、质量认证的采用、合作性等特征对农场的生态效率产生了积极的影响。Lee 和 Park（2017）分析了农业生产系统的运营效率与环境效率，发现应用不同的环境严格程度可以改善生态效率水平。Fei 和 Lin（2017）通过 DEA 方法对中国 30 个省份（不含港澳台和西藏）的部门能源和二氧化碳排放的综合效率水平进行了评价，研究发现，东部地区农业生态效率优于中部地区和西部地区，中国农业整体生态效率水平偏低，有着巨大的节能减排潜力。在工业生态效率研究方面，张立华和邢会（2022）以 2001~2020 年京津冀制造业转型升级与生态效率为研究范畴，采用匹配度模型、分位数回归模型等实证研究方法，深入探讨了京津冀制造业转型升级与生态效率的匹配水平及共生类型，发现京津冀制造业生态经济系统综合发展水平逐年提高，制造业转型升级与生态效率耦合度逐年增高。Gouveia 等（2023）利用基于价值的 DEA 方法，研究了 28 个欧洲国家电力与天然气行业生产和消费链的相对生态效率变化，发现与间接供应链相比，直接生产链的生产率收益较低，德国、卢森堡和比利时的电力和天然气行业创新水平较高，生态效率较高。Wang 等（2023）衡量了中国工业部门 37 个子部门工业升级指数和生态效率，研究了工业升级对中国工业生态效率的影响及其行业之间的差异和影响机制，发现工业升级显著提高了中国工业的生态效率。Wang 和 Zhao（2017b）通过非径向 DEA 对中国省域有色金属行业的生态效率进行分析，发现投资对改善地区有色金属行业的能源环境效率是有效的，河南省的节能减排潜力最大，人口密度和能源价格对有色金属行业生态效率的影响是正向的，而经济发展水平和产业结构对其影响是负向的。Zhang 等（2017b）通过投入产出法对 2007 年中国工业部门进行能值分析，发现在整个经济规模中，非金属矿产和金属矿资源开采的能值强度最高。Zhang 等（2017a）通过三阶段 DEA 方法对中国 30 个省份（不含港澳台和西藏）2000～2012 年的工业部门生态效率进行分析，得出区域工业部门的效率的变化主要由规模效率引起的结论。Yuan 等（2017）对中国 28 个省份制造业生态效率水平进行分析，研究表明，目前中国的环境规制水平还不足以促进生态效率的提高；环境规制对技术创新和生态效率的影响存在产业异质性；环境规制对中等生态效率群体的技术创新和生态效率的影响都是"U"形的，说明适度加强环境规制可以实现经济和环境绩效双赢的局面。同时，利用工业生态学理论对工业园区生态效率的研究成果也较为丰富，Fan 等（2017a）分析了中国 40 个工业园区在 2012 年的生态效率水平，发现不同工业园区的生态效率存在较大的差异，20% 的工业园区相对效率较高，47% 的工业园区规模效率偏低，表现为规模报酬递减。第三产业的研究主要集中于建筑业（AbdelAzim et al.，2017）、金融业（黄建欢等，2014）、旅游业等部门，其中自 2005 年瑞典学者 Gössling 等将生态效率引入旅游业可持续发展研究以来，旅游业成为近年的关注热点，但与农业和工业相比，研究成果仍较少。

区域以及更大尺度上的生态效率的评价及管理体系的研究越来越成为重点（Chen et al.，2017；郑慧等，2017；臧正、邹欣庆，2016）。Camioto 等（2016）分析了全要素结构下 G7（加拿大、法国、德国、意大利、日本、英国和美国）和金砖国家（巴西、俄罗斯、印度、中国和南非)的能源效率,采用数据包络分析法、基于松弛率的测度模型和窗口分析法,并利用该工具提供的宽松系数计算了全要素能源效率指数,金砖国家中的巴西是全要素能源效率指数最高的国家;G7 国家的能源效率水平均在95%以上;低能耗技术的投资是影响金砖国家能源效率水平的主要因素,长寿与收入分配的公平等社会条件是提高G7 国家能源效率的主要因素。Feng 等(2017)分析了全球 165 个国家和地区的绿色发展绩效水平,发现全球绿色发展格局极不平衡。发达国家自 21 世纪以来引领全球绿色发展,但发展中国家绿色发展水平偏低并呈下降趋势。Beltran-Esteve 和 Picazo-Tadeo(2017)对比分析了欧盟各国经济危机前后两段时期的环境绩效水平,发现两个时期的环境绩效水平均较好,建议重新建立危机前的生态创新投资水平。Moutinho 等(2017)分析了欧洲 26 个国家 2001~2012 年的经济、环境效率,发现可再生能源和非可再生能源的份额对于解释碳排放的差异是很重要的,环境税收效应在效率较低的国家呈负增长,运输税对生态效率较高的国家不利;能源税可能对低生态效率国家产生积极影响。Huang 等(2018)在构建包括经济效率、能源效率与环境效率在内的全要素生态效率的基础上,分析了中国 30 个省份(不含港澳台和西藏)2001~2014 年的区域全要素生态效率,发现区域经济效率由于其他相关效率,各省份在不同的发展模式下呈现显著的空间异质性。Chen 等(2023)利用 DEA 方法分析了中国长江流域与黄河流域生态效率水平。Yue 等(2017)结合生态足迹和 DEA 方法建立了全要素生态效率评价方法,评价了中国 28 个省份(不含港澳台、西藏、海南和重庆)的全要素生态效率。付丽娜等(2013)通过建立超效率 DEA 模型分析了长株潭城市群生态效率。Yang 等(2016)通过总效率和分解效率分析了中国台湾地区的城市可持续发展水平。陈新华等(2017)分析了科技进步对广东省生态效率的影响及作用机制。任宇飞和方创琳(2017)对京津冀城市群县域尺度的生态效率进行了评价,并分析了其空间格局。

2.3.1.2 生态效率的测度方法

（1）经济—生态单一比值法

这一方法主要沿用了 WBCSD 对生态经济的定义，用生态环境与经济价值的比值进行测算，其中，生态环境的指标主要有生态足迹、碳足迹、能源消耗、资源消耗、二氧化碳排放或者其他环境影响等（尹科，2015）。其中，生命周期评价法较为广泛地应用于环境维度的碳排放与碳足迹评价中（Martin‐Gamboa et al.，2018；Ewertowska et al.，2017）。Strasburg 和 Jahno（2017）以水足迹为生态环境指标，通过单一比值法分析了巴西 5 所大学餐厅在食品生产中的生态效率水平。Lucato 等（2017）用单一比值法分析了中小纺织上市公司企业生态效率；Lam 等（2017）结合生命周期法，利用单一比值法分析了住宅非饮用水系统的生态效率；Korol 等（2016）结合生命周期法，分析了塑料托盘选定的不同复合材料的生态效率水平；Kulak 等（2016）结合生命周期法，以法国面包替代供应链为例，进行了生态效率评估；Korhonen 和 Snakin（2015）通过单一比值法量化分析了芬兰南部拉普兰地区供热能源系统弹性与生态效率关系。

单一比值法简单易懂，是生态效率评价应用最早也最普遍的研究方法。但对于复杂的生态经济系统来说，单一比值法存在两个缺点：一是单一比值法不包含最优化方案的分析，不能给决策者最优效率的投入产出比例；二是不能综合考虑对多种生态环境因素的影响，需要通过物质、能量、货币等形式进行转换，可能对现实情况进行歪曲。因此，单一比值法适用于分析独立的、非连续的研究对象，能够用物质、能量或货币的形式清晰表达和测算的研究对象，特别是微观企业、具体生产工艺流程、单个项目和技术、某个产品的生产等。

（2）指标体系法

指标体系法是通过构建反映经济、社会、自然各子系统的发展水平和协调程度的指标集来评价生态效率水平。指标的构成主要包括物耗、能耗、水耗、土地、劳动力以及环境影响等(尹科等,2012)。Ruberti(2023)以全球芯片制造业为研究对象,通过从工厂企业社会责任报告的数据中计算并分析各种关键环境绩效指标,分析和评估了世界领先的半导体铸造厂的环境影响和生态效率。AbdelAzim 等(2017)通过构建利用可再生能源,建筑围护结构效率的策略,使用节能电器和设备,建设系统的自动化和可控性,环保制冷剂和灭火系统操作和维护的做法,计量和分户计量的建筑,区域和系统最终建设相关的运输的影响 8 个指标来衡量埃及建筑物的建筑能效。物质流分析方法广泛地应用在指标体系的分析方法中。Wang 等(2016)通过控制一个系统的物质流模型,综合生产结构,对中国水泥和水泥基材料行业的生态效率指标潜在的改善状况进行评估。夏艳清和李书音(2017)通过构建包括物质输入指标、物质输出指标、物质消耗指标、效率评价指标、综合指标 5 类物质流分析指标体系,分析了中国 1995~2014 年31 个省份(不含港澳台)的物质流动情况与区域经济协调环境效率。但该评价方法对权重的处理较为主观,缺少科学性。

(3)模型法

生态效率的内涵,本质上是生态环境与经济的投入产出关系,当研究对象的投入产出关系较多时,需要建立模型才能弥补权重赋值主观性等问题(尹科等,2012)。测度生态效率的模型法主要包括投入产出模型(张晓娣,2015)、随机前沿分析模型(Ma et al.,2015)、数据包络分析模型(Zhou et al.,2018)等。Zhang 等(2017b)通过投入产出法对中国 2007 年工业各部门进行能值分析,并分析了不同工业部门的资源强度。Yang 等(2017)使用参数化方向性距离函数分析了中国区域生态效率以及污染物的影子价格。张晓娣(2015)以 Leontief 投入产出分析为基础,利用系统优化模型测算中国 1997~2010 年的生态效率,并分析了生产要素、产业产出和污染物对效率水平的影响。

(4)数据包络分析法

数据包络分析法在生态效率的应用上具有一定的优势(魏权龄,

2012；马占新等，2013）：模型不需要统一的指标单位，不需要明确函数关系式，不需要对参数进行估计，扩展模型种类较多，也可以包含非期望产出指标，增加了投入产出指标选取的灵活性，简化了测量过程，保证了原始信息的完整性，也避免了人为确定权重的主观性。

数据包络分析法扩展模型多，在生态效率分析上应用的数据较多，包络分析模型主要有传统的 CCR 和 BCC 模型（王晓玲、方杏村，2017；唐丹等，2017；刘志成、张晨成，2017；卢燕群、袁鹏，2017）、目标函数中加入松弛变量的非径向的 SBM 模型（Peng et al.，2017；任海军、姚银环，2016；卜洪运等，2017）、方向距离函数 DDF 模型（陈黎明等，2015；杨皓然、吴群，2017；Ramli et al.，2013）、超效率模型（黄永斌等，2015；Dai et al.，2016）等。

Gouveia 等（2023）通过基于价值的 DEA 模型，分析了 28 个欧洲国家电力和天然气行业的生态效率变化。Masternak-Janus 和 Rybaczewska-Blazejowska（2017）通过 DEA 传统模型分析了波兰 2012 年各省份的区域生态效率水平。Yue 等（2017）通过 SBM 模型，将生态足迹引入投入指标，分析了中国不同省份的全要素生态效率水平。Long 等（2017）对比了 DDF 和 SBM 两种模型，分别分析了中国 31 个省份（不含港澳台）水泥企业的生态效率，并发现 DDF 模型生态效率水平评价高于 SBM 模型。Diaz-Villavicencio 等（2017）通过方向性距离函数 DDF 模型分析了西班牙 143 个直辖市城市垃圾管理生态效率水平。Zhang（2017）通过 DDF 模型分析了我国鄱阳湖生态经济区 38 个地区的环境效率水平，并测算了废水和二氧化硫的污染物的影子价格。Gomez-Calvet 等（2016）利用方向性距离函数 DDF 模型分析了欧盟生态绩效动态变化。Chen 等（2017）结合经济数据和遥感数据，利用超效率模型分析了我国长江经济带各城市的环境效率水平。Vlontzos 和 Pardalos（2017）利用 DEA 窗口模型分析了欧盟国家农业环境效率水平。另外，还有学者扩展出新数据包络分析模型分析区域生态效率，黄建欢等（2014）系统地构建了考虑坏产出的群组前沿和共同前沿

SBM 模型与考虑坏产出的共同前沿超效率模型，分析中国区域生态效率水平。

　　总体来看，在通过数据包络分析法评价生态效率水平上，方向距离函数 DDF 模型由于可以衡量影子价格、深入挖掘生态效率水平不足的投入因素等，在分析生态效率上具有明显优势，非径向的 SBM 模型由于模型操作简单，并且可以引入非期望产出指标而得到广泛的应用。

　　近年来 SCI 高影响因子学术期刊生态效率研究见表 2-4。

表 2-4　近年来 SCI 高影响因子学术期刊生态效率研究一览

作者和时间	研究对象	研究时间	研究内容	研究方法
Wang 等（2023）	中国工业 37 个子部门	2005~2019 年	生态效率 工业升级指数	DEA
Gouveia 等（2023）	28 个欧洲国家电力部门	2010 年、2014 年	生态效率	Value-Based DEA
Chen 等（2023）	中国黄河流域与长江流域	2000~2018 年	土地利用生态效率	DEA-Slack Tobit
Ruberti（2023）	芯片制造业	2021 年	生态效率	综合指数
Lu 等（2023）	苹果公司	2021 年	生态效率	DEA
Kuo 等（2020）	全球集装箱航运公司	2019 年	生态效率	DEA
Vasquez 等（2019）	哥伦比亚波哥大的 17 家木材工业中小企业	2018 年	生态效率	LCA
Martin-Gamboa 等（2018）	西班牙 2 家天然气循环电厂	2010~2015 年	生态效率	LCA+Dynamic DEA
Huang 等（2018）	中国 30 个省份	2001~2014 年	经济效率 能源效率 环境效率 全要素生态效率	Meta-US-SBM（共同前沿超效率）模型

续表

作者和时间	研究对象	研究时间	研究内容	研究方法
Zhang(2017)	鄱阳湖生态经济区的38个地区	2009~2013年	环境效率影子价格和可持续发展性	Global Non-radial Directional Distance（DEA 的一种）非径向距离函数（DDF）
Zhang 等（2017b）	中国工业部门	2007年	资源强度	投入产出法能值分析
Zhang 等（2017b）	中国30个省份工业部门	2005~2013年	工业生态效率	三阶段 DEA
Yue 等（2017）	中国28个省份	2000~2012年	全要素生态效率	SBM 生态足迹
Yuan 等（2017）	中国28个省份制造业	2003~2013年	制造业生态效率	超效率 SE-DEA
Yang 等（2017）	中国省级面板数据	2003~2012年	区域生态效率及污染物影子价格	参数化方向性距离函数
Wang 和 Xiao(2017)	中国30个省份面板数据	1998~2013年	区域生态效率预测	DEA Support Vector Spatial Dynamic MIDAS
Wang 和 Zhao（2017b）	中国省域有色金属行业	2006~2011年	管理性生态效率自然和管理下生态效率理想维度生态效率	非径向 DEA
Vlontzos 和 Pardalos（2017）	欧盟国家农业	2006~2012年	环境效率温室气体排放效率	DEA Windows 人工神经网络
Strasburg 和 Jahno（2017）	巴西5所大学餐厅	2012年	生态效率	水足迹单一比值法

续表

作者和时间	研究对象	研究时间	研究内容	研究方法
Rebolledo-Leiva 等（2017）	5 个有机蓝莓果园	三个生长季节	生态效率	碳足迹 DEA 生命周期
Moutinho 等（2017）	26 个欧洲国家	2001~2012 年	经济与环境效率	DEA
Masternak-Janus 和 Rybaczewska-Blazejowska（2017）	波兰各省份	2012 年	区域生态效率	DEA
Lucato 等（2017）	中小纺织上市公司	—	企业生态效率 环境绩效与财务绩效的关系	单一比值法
Long 等（2017）	中国 31 个省份（不含港澳台）的水泥企业	2005~2014 年	企业生态效率	DDF（方向距离函数）SBM 面板数据收敛性
Lee 和 Park（2017）	农业生产系统	—	运营效率 环境效率	DEA
Lam 等（2017）	住宅非饮用水系统 淡水冲洗系统 海水冲厕系统 中水冲厕系统（MBR）中水冲厕系统（TEM）	—	生态效率	生命周期分析 生态效率分析
Godoy-Duran 等（2017）	西班牙东南部家庭农场	2014~2015 年	生态效率	DEA
Feng 等（2017）	165 个国家和地区	2000~2014 年	绿色发展绩效	DEA Tobit

作者和时间	研究对象	研究时间	研究内容	研究方法
Fei 和 Lin（2017）	中国 30 个省份（不含港澳台和西藏）的农业部门	2001~2012 年	能源消耗二氧化碳排放	DEA
Fan 等（2017a）	中国 40 个工业园区	2012 年	生态效率	DEA
Dong 等（2017）	中国 736 个污水处理厂	——	生态效率	DEA
Diaz-Villiavicencio 等（2017）	西班牙 143 个直辖市城市垃圾管理	2002~2003 年	城市垃圾管理生态效率	DDF Tobit
Chen 等（2017）	长江经济带	2003~2014 年结合经济数据和遥感数据	环境效率	超效率 Tobit
Beltran-Esteve 和 Picazo-Tadeo（2017）	欧盟各国	2001~2007 年 2007~2013 年	环境绩效	DEA DDF
AbdelAzim 等（2017）	埃及建筑物	——	建筑能效	层次分析法

资料来源：笔者根据相关资料整理。

2.3.2　旅游业生态效率研究进展

2.3.2.1　旅游业生态效率研究集中在旅游业及交通、住宿等部门

在旅游业生态效率研究对象上，旅游业生态效率从旅游景区微观

尺度到国家宏观尺度均有研究。在旅游部门中，交通是旅游碳排放的第一大部门（Huang et al., 2017; Cadarso et al., 2016; Pereira et al., 2017），旅游者交通碳排放研究一度成为旅游生态环境问题的研究热点，主要集中在不同交通方式出行的不同碳排放和生态效率水平的比较研究上（Becken et al., 2003; Katircioglu et al., 2014）。住宿也是旅游碳排放与生态环境问题研究的重要关注对象（Ba et al., 2022; Gössling et al., 2002; Kuo and Chen, 2009; Peeters and Dubois, 2010; Forsyth, 2010; 石培华、吴普, 2011; Munday et al., 2013），研究主要侧重于提高住宿企业的能源利用与资源循环利用（Tsai et al., 2014）。具体研究包括：Lenzen 等（2018）在 *Nature Climate Change* 期刊发表的全球旅游碳足迹分析论文，文章通过区域间投入产出模型分析了全球旅游碳足迹，并通过单位 GDP 碳排放测度旅游业生态效率。研究认为将旅游业作为经济增长的手段可能带来较大的碳负担，全球碳排放主要源于人均 GDP 在 25000 美元以上的国家，人均碳排放随着富裕程度的增加而增加，随着技术的进步而减少。Gössling 等（2005）通过经济—生态单一比值法，将二氧化碳排放量作为环境维度的评价指标，旅游业收入作为经济维度评价指标，分析比较了美国落基山国家公园、法国、阿姆斯特丹、塞舌尔等旅游目的地的生态效率，研究发现，旅游业未必比其他经济活动更有益于环境，不同的旅游目的地的旅游业生态效率差异性很大，旅行距离和出行方式是影响生态效率的最重要因素，同时，旅游者在目的地驻留时间和旅游消费的增加对旅游业生态效率的提高具有积极意义。Kelly 等（2007）采用离散实验，评估游客对旅游目的地生态效率的看法，认为游客偏向于对生态效率高的旅游方案的设计，也有意愿支付提高生态效率而产生的费用，文章从旅游者的视角提出了旅游目的地生态效率优化和提高的可能路径与发展方向。Pace（2016）通过定性研究对马耳他旅游目的地酒店节能措施进行分析，认为可以通过不同能源技术和措施组合解决能源效率问题。李鹏等（2008）以云南省香格里拉旅游线路为研究对象，分析了旅游产品的生态效率，研究表明旅游业内部不同部门和产品之间生态效率具有很大的差异，交通、餐饮是影响旅游线路生态效率的关键因素，影响经济维度的因素包括旅游线路部分价格和自费花销，影响环境维度碳排放的主要因素是交通、产品结构以及能源类型。研究结果与 Gössling 等的结论有很大的一致性。Kytzia 等（2011）通过对阿尔卑斯山达沃斯旅游目的地土地利用效率的调查分析达沃斯的旅游业生态效率水平。姚治国和陈田（2015）采用旅游生命周期评价方法，以旅游能源消耗为环境影响变量，以旅游收益为经济影响变量，构建了旅游业生态效率模型，分析了海南省 2012 年的旅游总体以及交通、住宿、旅游活动三个部门的生态效率水平，研究结果表明，旅游活动和旅游住宿生态效率优于旅游交通。

2.3.2.2　旅游业生态效率的测度方法以经济—生态单一比值法为主

生态效率的核算方法主要有经济—生态单一比值法、指标体系法和模型法。单一比值法主要用旅游收入与碳排放、能源消耗、碳足迹、生态足迹等环境指标的比值测算旅游业生态效率（Scheepens et al.，2016；Pereira et al.，2017；姚治国、陈田，2015）。Gössling 等（2005）在对旅游业生态效率进行测度时，选取了旅游业碳排放量作为旅游环境影响指标，通过实地调查游客消费与统计资料获得旅游收入指标，并以此作为旅游经济维度指标。Perch-Nielsen 等（2010）在对瑞士旅游业生态效率进行测度时，通过温室气体排放量表征旅游业的环境影响，用旅游业增加值表征旅游经济价值，基于瑞士旅游卫星账户通过自上而下与自下而上两种方法测度碳排放量。国内学者在使用经济—生态单一比值法测算旅游业生态效率时基本沿用了国外学者的思路，主要采用碳排放量表征旅游对生态环境的影响（李鹏等，2008；蒋素梅、幸岭，2014；Qiu et al.，2017）。

随着模型法在生态效率上分析的逐渐成熟，旅游业生态效率的模型分析也开始增多，应用较多的主要包括投入产出法（Xia et al.，2022；Dong et al.，2023；Kytzia et al.，2011；Sun，2016；张晓娣，2015）、随机前沿分析法（刘长生，2012；李亮、赵磊，2013）、数据包络分析法（Huang and Coelho，2017）等。Xia 等（2022）利用投入产出法分析了甘肃省旅游业直接碳排放和间接碳排放，以及综合经济投入产出指标的生态效率水平，同时通过计量经济模型分析了直接碳排放和间接碳排放下的生态效率驱动因素，并提出了基于供应链的旅游业碳减排优化调控对策。Dong 等（2023）通过拓展的区域投入产出表，首次构建了中国 30 个省份（不含港澳台和西藏）旅游业环境扩展的区域间投入产出表，核算了中国 30 个省份（不含港澳台和西藏）省际间旅游业隐含碳转移及其转移强度，同时通过结构分解模型，揭示了各省隐含碳转移的驱动力及强度，并在此基础上从政策调整、技术优化、结构升级等方面提出了中国旅游业低碳发展建议与路径。Kytzia 等（2011）通过投入产出法研究达沃斯旅游业土地利用效率，在旅游环境影响指标上主要选取旅馆、酒店与旅游建筑占用的土地总量作为投入指标；在旅游经济影响指标上主要选取旅游从业人员、旅游业增加值等作为产出指标。Cadarso 等（2016）定义了包括旅游消费品与旅游投资品二氧化碳排放量的国内整体碳足迹，定义了各国旅游业必须承担的全部碳足迹，在此基础上计算直接排放和间接排放的比例再除以旅游消费和旅游投资，以此分析了西班牙旅游业生态效率。Sun（2016）通过环境扩展的投入产出模型和分解方法，提出了一个分解国家旅游碳足迹和碳效率的分析框架，以确定经济增长、技术效率和环境外部性之间的动态关系。Meng 等（2016）通过投入产出法分析了 2002 年、2005 年、2007 年和 2010 年中国旅游业直接和间接的碳排放水平。

2.3.2.3　采用数据包络分析法对旅游业生态效率的研究逐渐增多

杨玉珍等（2022）通过超效率 SBM 模型测算了 2010~2019 年黄河

流域 37 个城市的旅游生态效率，并构建空间杜宾模型揭示空间溢出效应。郭丽佳等（2021）通过超效率模型测算了节能减排约束下 2000～2017 年中国省域旅游生态效率及其空间分异、收敛和关联格局。王胜鹏等（2020）通过超效率 SBM 模型测算了中国黄河流域旅游生态效率，并探讨了其时空演化规律与旅游经济互动相应关系。王兆峰和刘庆芳（2019）通过超效率 SBM 模型测算了中国长江流域旅游生态效率，并探讨了其时空演化规律与旅游经济互动相应关系。Huang 和 Coelho（2017）通过建立经济、社会、环境和野生生物可持续发展多维的基于操作层、服务层和过程层三个类别的 10 个指标，在 DEA 模型的基础上构建 SPFCRP 模型，测度了珊瑚三角洲地区 6 个国家旅游业生态效率水平。Peng 等（2017）采用基于时间序列包含非期望产出的 SBM－DEA 模型，构建了旅游地符合系统的生态效率测度模型对中国黄山风景区旅游地生态效率进行分析，模型选取劳动投入、资本投入、能源投入、水资源投入、餐饮生物资源投入等作为投入指标，经济产出、污染物排放作为产出指标。Liu 等（2017）通过构建 DEA－Tobit 分析模型，选取水资源投入、二氧化硫排放、垃圾排放、近海水质、能源消耗等作为投入指标，选取旅游总收入、旅游总人数作为产出指标，分析了中国沿海城市总体旅游业生态效率。查建平（2016）依据旅游业的投入、产出及碳排放数据，参照 SBM 方向距离函数，构建考虑环境因素的旅游产业发展效率评估模型，对 2005～2012 年中国 30 个省份低碳旅游发展效率及减排潜力进行了测度。

2.3.2.4　旅游业生态效率的驱动因素分析不断增多

生态效率最早应用于企业管理中，故而国内外学者对旅游业生态效率也在目的管理中进行相关应用。王梓瑛和王兆峰（2022）在对我国长江三角洲城市群旅游生态效率影响的研究中发现，城市群环境规制与旅游生态效率为显著的负相关关系，但随着滞后阶数的增加，环境规制对旅游产业绿色发展的不利影响逐渐减弱。洪铮等（2021）探讨了我国西部地区绿色发展背景下区域旅游生态效率影响因素，用"自下而上"法测算西部地区旅游业碳排放量并运用比值法计算旅游生态效率，研究发现旅游业发展水平对旅游生态效率的影响存在门槛效应，经济发展水平、规模效应、结构效应对旅游生态效率有显著的正向作用，城镇化对旅游生态效率有显著的负向作用。Peng 等（2017）在对我国黄山风景区旅游地生态效率的分析中发现，旅游发展水平、产业结构和技术水平对生态效率产生显著的正向影响，投资水平产生显著的负向影响，以废弃物末端治理为表征的环保规制对生态效率的提升作用并不显著。Kytzia 等（2011）在对阿尔卑斯山达沃斯旅游目的地土地利用效率的分析中发现，土地利用效率主驱动因素包括旅游者的经济影响、建筑占地密度及住所床位密度等，床位密度主要取决于发展的旅游类别，旅游类别的设计尤为重要；同时，空间规划、建筑设计和设施管理也是旅游业提高土地利用效率的重要内容。查建平（2016）在对我国低碳旅游发展效率的分析中发现，影响旅游业生态效率的驱动因素主要包括产出无效率、节能技术进步、减排技术及碳排放无效率，并在此基础上构建了旅游产出无效率缩减路径、节能技术进步路径、减排技术进步路径以及碳排放无效率缩减路径 4 条减排路径。

2.3.2.5 旅游业生态环境影响研究较多，很多学者提出了系列措施

在降低旅游业生态环境影响方面，国内外学者采取的相关措施较多，主要包含：增加环境规制（王梓瑛、王兆峰，2022；Dong et al.，2023）；提高资源利用，如环境友好型土地利用规划和设计，以及提高水资源的有效利用（Cerutti et al.，2016；Shen et al.，2016）；可持续性休闲娱乐项目管理，如优先发展新兴低碳类旅游项目（Pesonen et al.，2013；Suh et al.，2010）；推进旅游交通节能减排，提高公共交通系统，激励旅游者从私人交通工具转向公共交通系统（Fragoudaki and Giokas，2016）；加强景区废弃物的管理，建立景区循环经济运行模式，提高可再生能源的开发与利用（Kuo and Chen，2009；Zhang et al.，2016）；强化旅游企业清洁生产和倡导资源节约型的旅游消费方式（王坤等，2015）；通过旅游者参与实现旅游业生态环境影响的降低（朱梅、汪德根，2016）等。上述措施能为旅游业生态环境效应优化路径或为未来旅游业生态效率优化提供一定的依据与研究方向。

旅游业生态效率相关学术论文研究见表 2-5。

表 2-5　旅游业生态效率相关学术论文研究一览

作者和时间	研究对象	研究时间	研究内容	研究方法	主要观点和结论
Dong 等（2023）	中国 30 个省份（不含港澳台和西藏）	1997～2012 年	旅游业隐含碳转移	区域间投入产出模型的双边贸易隐含排放（EEBT）	中国有很多的省份成为区域间旅游业隐含碳转移的净目的地，旅游具有成为区域碳排放加速器的风险。区域间旅游业净碳转移的主要驱动力是旅游产品与服务的低碳技术、客源结构与市场规模。可以从旅游线路、供应链、政府政策优化等方面对中国旅游业消费进行调控，以减少区域间旅游隐含碳转移
Lenzen 等（2018）	全球 160 个国家和地区	2009～2013 年	旅游碳足迹	多区域投入产出分析（MRIO）	2009～2013 年，全球旅游碳足迹从 3.9 $GtCO_2e$，增长到 4.5 $GtCO_2e$，高达已测量的 4 倍，占全球温室气体排放的 8%。交通、购物和餐饮是最重要的碳排放来源。大部分的碳足迹主要来自高收入国家。快速增长的旅游需求已经超过了碳减排的技术发展速度。由于其高强度的碳排放和持续的增长，旅游业将成为世界温室气体排放增长的一部分

续表

作者和时间	研究对象	研究时间	研究内容	研究方法	主要观点和结论
杨玉珍等（2022）	黄河流域37个城市	2010~2019年	旅游生态效率	超效率SBM模型	黄河流域旅游生态效率时序上呈现先上升后下降的阶段性特征，空间上呈现"下游—中游—上游"阶梯式递减的异质性特征；旅游生态效率分布具有明显的空间集聚与依赖特征，低水平同质化现象显著；空间溢出效应显著，政府干预、市场规模对邻近城市旅游生态效率具有正向溢出效应，经济发展、产业结构、交通可达性对邻近城市旅游生态效率具有负向溢出效应
王梓瑛和王兆峰（2022）	长江三角洲城市群	2007~2017年	旅游业生态效率	超效率SBM模型	城市群总体环境治理力度有所增强，区域差异逐渐缩小。从空间分布来看，其空间格局变动较大，表现在高规制强度地区由城市群中部逐渐向东西部边缘地区进行转移。城市群旅游生态效率水平整体不高，呈先降后升的趋势，空间差异先扩大后缩小。旅游生态效率逐渐形成中部地区高效率组团状集聚的空间分布形态。城市群环境规制与旅游生态效率为显著的负相关关系，但随着滞后阶数的增加，环境规制对旅游产业绿色发展的不利影响正逐渐减弱

续表

作者和时间	研究对象	研究时间	研究内容	研究方法	主要观点和结论
郭丽佳等（2021）	中国31个省份（不含港澳台）	2000~2017年	旅游业生态效率	超效率SBM模型	旅游能源消耗与碳排放总体呈先增长、后下降的倒"U"形演化趋势，支持环境库兹涅茨（EKC）曲线假说；旅游生态效率总体呈波动增长趋势，并有较大增长潜力，纯技术效率驱动生态效率优化发展；旅游生态效率在省域、地区尺度上均呈现空间分异格局，但趋向收敛平衡发展；旅游生态效率呈现由强到弱的正向空间关联格局，其发展模式以低低集聚为主，低高集聚次之，空间集聚模式待优化
洪铮等（2021）	中国西部地区	2000~2017年	旅游业省份碳效率	自下而上，单一比值法	西部地区旅游生态效率自2000年西部大开发战略实施以来呈逐步提高的趋势，绿色发展水平持续提高。旅游生态效率受自身滞后因素以及技术效应因素的影响较大，游客规模的扩大、产业结构的优化以及技术水平的提高均有利于旅游生态效率的提高。旅游业发展水平对旅游生态效率的影响存在门槛效应，经济发展水平、规模效应、结构效应对旅游生态效率有显著的正向作用，城镇化对旅游生态效率有显著的负向作用

作者和时间	研究对象	研究时间	研究内容	研究方法	主要观点和结论
王胜鹏等（2020）	中国黄河流域	2000~2016年	旅游生态效率	超效率SBM	黄河流域旅游生态效率整体得到了一定程度的提升，区域差异有所减小，但极化现象逐渐凸显。黄河流域旅游生态效率空间分布方向性逐渐减弱，整体呈现出"东北—西南"向的空间分布态势。多数省域旅游生态效率与旅游经济发展水平的脉冲响应都呈平滑响应态势，前期波动较大而后期趋于平稳；各省域旅游经济发展水平与旅游生态效率的相互贡献程度整体上都随着时间的推移而逐步提升，但仍存在一定的区域差异
王兆峰和刘庆芳（2019）	中国长江流域	2007~2016年	旅游生态效率	超效率SBM	长江经济带旅游生态效率整体处于中等效率阶段，呈动态上升趋势，且表现出"东部>西部>中部"的空间分布格局；旅游生态效率形成低低集聚、高高集聚式的"俱乐部收敛"型"双峰"格局，向西北方向移动趋势明显；东部和中部旅游生态效率与旅游经济发展水平的脉冲响应最终趋于平稳，西部地区响应程度偏弱；旅游经济发展水平对旅游生态效率的贡献率随时间发展趋于升高，旅游生态效率对旅游经济发展水平的贡献程度随时间发展逐步降低

作者和时间	研究对象	研究时间	研究内容	研究方法	主要观点和结论
Zhang (2017)	拉萨城关区	2014 年	低碳旅游	模糊德尔菲法	强调了旅游碳强度、低碳交通、低碳环境教育、碳汇密度和污水处理等指标的重要性，以期在城关区尽快实施低碳旅游开发
Qiu 等 (2017)	中国31 个省份（不含港澳台）	1995~2014 年	旅游业生态效率、碳足迹驱动因素、生态效率驱动因素	单一比值法旅游收入、碳足迹自上而下法	旅游业的二氧化碳排放量在中国有了大幅度的提高，其最大的来源是交通；旅游业生态效率具有显著而不稳定的增长特征，可分为低效停滞、波动增长和有效发展三个阶段；旅游业生态效率的影响因素主要有规模效应、结构效应、技术效应和环境规制
Pereira 等 (2017)	里约热内卢-圣保罗	—	旅游交通碳足迹	生命周期法	陆上公共交通是当地最有效的碳运输方式
Peng 等 (2017)	中国黄山风景区	1981~2014 年	旅游生态综合效率	SBM-DEA Tobit 回归	旅游发展水平、产业结构和技术水平对生态效率产生显著的正向影响，对投资水平产生显著的负向影响，以废弃物末端治理为表征的环保规制对生态效率的提升作用并不显著
Liu 等 (2017)	53 个中国滨海城市	2003~2013 年	旅游业生态效率	DEA Tobit 回归	我国沿海城市总体旅游业生态效率为 0.860，即只有少数城市有效，大多数城市仍有改善空间。经济和生态指标对我国沿海城市的旅游业生态效率有显著的正向影响，而游客数量和三种主要污染物在旅游业中都有负面影响

续表

作者和时间	研究对象	研究时间	研究内容	研究方法	主要观点和结论
Huang 等（2017）	珊瑚三角洲地区6个国家	2008～2012 年	旅游可持续发展绩效评价	DEA SPFCRP	印度尼西亚在该地区国家之间的相对生态效率最好，接下来依次是巴布亚新几内亚、马来西亚、菲律宾、所罗门群岛
徐秀美等（2017）	雅鲁藏布大峡谷国家公园	—	生态旅游经济系统健康水平测评	信息熵	生态需求、生态供给和生态幸福等层面构建了生态旅游经济系统的生态健康水平评价指标体系。目前雅鲁藏布大峡谷国家公园生态旅游经济系统的健康水平整体处于健康状态
曾瑜皙（2017）	中国30个省份（不含港澳台和西藏）	2001～2014 年	碳排放对旅游效率的影响程度	超越对数生产函数	中国总体旅游效率损失度呈现上升趋势，东部地区年均增幅最大。中国旅游效率与损失度总体处于中等水平，但损失度年均增长率远高于旅游效率增长率，中部地区因排放问题而造成了较大的效率损失
Zhang（2016）	中国西藏自治区	2001～2015 年	旅游开发的环境、经济和社会目标	网络过程目标规划法	建议西藏的旅游管理者采取具体措施，提高地区生产总值，鼓励旅游者更高水平的消费，适当限制游客人数的增长。其他目标应是改善旅游研究和旅游从业人员待遇，为旅游企业提供更多的支持
Sun（2016）	中国台湾地区	2001 年、2011 年	旅游碳足迹旅游碳效率	投入产出法	以中国台湾地区为例，研究结果表明，当地还远远没有达到利用技术生产效率抵消旅游业碳排放的目标
Pace（2016）	马耳他旅游目的地酒店节能措施	—	旅游住宿设施能效	定性研究	可以通过不同能源技术和措施组合解决能源效率问题

作者和时间	研究对象	研究时间	研究内容	研究方法	主要观点和结论
Meng 等（2016）	中国旅游业	2002 年、2005 年、2007 年和 2010 年	直接碳排放、间接碳排放	投入产出法	中国旅游业碳排放在 2002 年、2005 年、2007 年和 2010 年分别为 111.49 吨、141.88 吨、169.76 吨和 208.4 吨，分别占碳排放总量的 2.489%、2.425%、2.439% 和 2.447%。与制造业相比，旅游业是一个低污染、低能耗的产业
Cadarso 等（2016）	西班牙旅游业	1995～2007 年	旅游业碳足迹、旅游业生态效率	投入产出法单一比值法	旅游投资生态效率的微弱改善增加了对膨胀旅游业环境的压力，以及对包括资本投资在内的缓解目标的要求
姚治国等（2016）	海南省旅游业	2012 年	旅游业生态效率、旅游交通生态效率、旅游住宿生态效率、旅游活动生态效率	生命周期法单一比值法	在出行距离既定的情况下，优化旅游业生态效率的措施主要包括：提高人均消费水平、延长平均停留时间、增加平均参与活动频次等
查建平（2016）	中国 30 个省份（不含港澳台和西藏）	2005～2012 年	低碳旅游发展效率减排潜力与路径	SBM	研究表明，我国低碳旅游发展效率处于较低水平，对应无效率值较高，且无效率值在整体上呈现出"先上升、后下降"的态势；中部地区低碳旅游发展效率最高，对应无效率均值为 0.178，接下来为东部地区（0.195）、西部地区（0.414），而旅游业产出不足是三大区域旅游业无效率的主因；东部地区旅游业碳减排潜力最高，其次为中部地区、西部地区

续表

作者和时间	研究对象	研究时间	研究内容	研究方法	主要观点和结论
Ben 等（2015）	突尼斯	1990~2010 年	旅游可再生能源与废弃物消费	自回归分布滞后模型	可燃性再生能源的消费可以消除浪费，增加旅游地区的旅游人数，实现旅游增长
查建平和王挺之（2015）	四川省成都市26 家景区	2012 年、2013 年	环境约束的景区旅游效率与旅游生态率	网络 DEA方向性环境距离函数法	各景区旅游效率存在较大差异，多数景区旅游生产率差异受旅游服务产品生产环节效率主导，囊括环境治理效率的旅游效率与旅游生产率评估更为科学、合理
舒卫英等（2014）	宁波市6 个县（市、区）	2013 年	生态旅游效率	DEA	宁波市区、余姚、奉化、象山 4 个县市效率有效，慈溪、宁海 2 个县市效率无效。在有效县市各指标中，第三产业从业人数是对县市滨海生态旅游有效贡献最大的投入指标，旅游总收入、旅游总人数对县市滨海生态旅游有效贡献相当
蒋素梅和幸岭（2014）	昆明市	2012 年	旅游业生态效率	单一比值法	旅游交通的碳排放量最高，是旅游饭店的 5 倍，是旅游景区的 53 倍，可见旅游交通是高能耗的
李鑫等（2013）	华山风景区与大唐芙蓉园	2012 年	景区生态效率	指标体系法	不同类型景区生态效率存在明显差异。华山风景区与大唐芙蓉园的生态效率分别为 1.321 和 0.461，即山岳生态景观型景区的生态效率高于人文主题公园型景区的生态效率

作者和时间	研究对象	研究时间	研究内容	研究方法	主要观点和结论
刘长生（2012）	张家界市景区环保交通低碳旅游服务	2005年第一季度至2010年第四季度	低碳旅游服务效率	DEA SFA（随机前沿法）	环保交通低碳旅游服务提供效率较低，存在较为严重的季节波动性，但呈现出递增的变化规律；旅游总人次、人力资本投资、固定资产投资对低碳旅游服务提供效率产生正向影响，而劳动者数量、燃料消耗对其产生负向影响
Kytzia等（2011）	瑞士阿尔卑斯山达沃斯旅游目的地	2002年	旅游土地利用效率	投入产出法	通过生态效率衡量旅游策略对当地经济发展、土地利用和就业等的影响
Yang等（2008）	云南省香格里拉旅游线路	2004年7月至2005年1月	旅游产品生态效率	温室气体排放单一比值法	旅游业内部各个部门、各种产品之间的生态效率存在很大的差别。交通、餐饮是影响旅游线路产品生态效率的关键因素。影响旅游线路产品生态效率的因素主要来自经济量和排放量两个方面
Gössling等（2005）	美国落基山国家公园、法国、阿姆斯特丹、塞舌尔等旅游目的地	2001年	旅游业生态效率	单一比值法	旅游业未必比其他经济活动更有益于环境，不同的旅游目的地旅游业生态效率差异性很大，旅行距离和出行方式是影响生态效率的最重要因素，同时，旅游者在目的地驻留时间和旅游消费的增加对旅游业生态效率的提高具有积极意义

资料来源：笔者根据相关资料整理。

2.4　研究述评与展望

2.4.1　研究述评

2.4.1.1　生态效率研究领域宽广，研究方法多样，数据包络分析成为主流方法

在全球经济低迷和气候变化的大背景下，生态效率作为兼顾生态和经济发展双向目标的重要指标，成为国内外学者研究的热点，从已有研究可以看出生态效率研究涉及的领域较广，近年来宏观尺度的研究逐步增多，尤其是结合碳排放对全球气候变化的研究有了很多的进展。研究方法也从单一比值法向模型法过渡，从单一方法应用向多元方法综合分析转变。结合不同研究对象的特征，不少学者创新改进了相应的模型方法，使生态效率测度的科学性与合理性不断加强。数据包络分析由于拓展模型多、适用性广、不需要建立函数关系、非参数估计等优势逐渐成为国内外学者分析生态效率的主流研究方法。

2.4.1.2　相比生态效率，旅游业生态效率研究过少

相比之下，明确使用生态效率概念在旅游中进行研究的论文并不多。以"旅游业生态效率(Tourism Eco-efficiency)"为主题词在 CNKI 和 Web of Science 上检索，分别有 142 篇和 25 篇相关论文；而以"生态效率(Eco-efficiency)"为主题词在 CNKI 和 Web of Science 上检索则分别有 8110 篇和 1053 篇相关研究论文。旅游业生态效率研究占总体生态效率研究不足 2%，旅游业生态效率研究还有很大的空间。

2.4.1.3 旅游业生态效率概念不清，理论研究不足

关于旅游业生态效率的概念，国内外学者鲜有从缘起、内涵、特征等方面系统地分析旅游业生态效率的概念与科学范畴，学者的研究主要从对生态效率的技术定义出发，对旅游产业生态效率的研究集中在对某一地区生态效率的测度的实证分析上，作为考虑生态环境因素的旅游效应分析工具，对旅游产业生态效率的理论体系涉及较少，对旅游产业生态效率的形成机理的探索较为薄弱，缺乏完整系统的理论基础。

2.4.1.4 旅游经济价值与生态环境影响分析基本处在分离状态

通过研究综述可以看出，基于全球气候变化的大背景，国内外学者以碳排放和碳足迹为基本分析工具对旅游生态环境影响的分析成为研究的热点话题(董雪旺等，2016)，关于旅游业对地方经济增长与产业结构贡献的分析也一直是学者关注的重点。综合考虑旅游经济效应和环境效应分析的研究多数集中在以简单且具有一定主观性的指标体系法为主的旅游业可持续发展研究上。

2.4.1.5 旅游业生态效率指标选用缺少理论支撑，测度方法相对单一

旅游业生态效率的指标选取相对随意，鲜有学者分析指标选取的理论基础，生态效率分析中所用的方法在旅游业生态效率中均有应用，但总体还是以单一比值法为主，数据包络分析的应用以考虑非期望产出的非径向的 SBM 模型为主，在测度方法上还需要进一步探索和创新。

2.4.1.6 鲜有学者系统地分析旅游业生态效率的驱动机制

由于旅游业生态效率研究尚未形成明确的研究范式，旅游生态效

率研究对象尺度不一，理论研究不足，国内外学者对旅游业生态效率的驱动机制分析相对缺少系统性。

2.4.2　研究展望

2.4.2.1　构建旅游业生态效率的理论体系与研究框架

未来理论上，应以生态经济系统理论为生态效率的核心理论与基础，形成对旅游产业生态效率的理论体系和研究框架，加强经济学、生态学、地理学等多学科的交叉研究，创新研究方法和技术手段；实践上，应尝试将生态效率纳入旅游产业结构及空间组织优化的方法体系，以此建立基于旅游生态经济系统的旅游产业经济发展与资源环境保护的绿色发展模式。

2.4.2.2　合理地选择旅游生态环境效应指标，科学地选用旅游业生态效率测度方法

从地域生态环境资源禀赋为初始生产要素和生态服务价值消费的产业本质来看，旅游业是典型的生态经济系统。未来应该结合生态经济理论，将生态效率作为基本工具，充分考虑旅游业发展对经济、生态环境的多元影响与旅游业的价值目标。同时，考虑旅游业的区域产业、行业部门、企业和具体旅游活动与产品的系统运行机制，有针对性地构建更加科学合理和可操作的旅游业生态效率指标体系，创新旅游业生态效率测度方法。

2.4.2.3　加强对旅游业生态效率时空演化规律与驱动机制的分析

基于旅游活动的地域空间属性，根据经济地域运动理论，应充分利用空间分析方法，探索旅游业生态效率的时空演化机制，通过空间

分异的驱动因素分析，探究旅游业生态效率提升与优化的驱动机制和实现路径。

2.5 旅游业生态经济系统与生态效率研究框架

2.5.1 旅游业经济系统

2.5.1.1 旅游业经济系统的概念与构成

旅游业经济系统是指旅游产业中的旅游饭店、旅行社、旅游景区、旅游交通、旅游娱乐、旅游餐饮等各部门相互关联作用形成的有机系统。旅游经济系统是各类经济要素流动交互形成的系统，系统的核心是游客的空间流动，流动中形成了旅游需求和旅游供给两大部分。其中，旅游需求包括旅游消费、旅游行为、旅游体验等，旅游供给包括旅游产品、旅游资本、旅游组织等。旅游活动的复杂性决定了旅游经济系统是一个繁复且各要素具有一定叠加性的综合有机系统。

2.5.1.2 旅游业经济系统的特征

旅游业经济系统具有整体性、层次性、功能性、动态性与关联性等特征。

（1）整体性

旅游业经济系统边界模糊，要实现旅游经济系统的要素流动与对市场需求的满足，就要形成一个要素之间相互联系和相互作用的有机整体。

（2）层次性

旅游业经济系统根据不同市场需求可以分为不同层次的经济系

统，如宏观全国、中观地区、微观地方三个层次；还可以分为国际市场、国内市场两个层级的旅游经济系统。

（3）功能性

旅游业经济系统因提供产品的不同，其属性和功能有所不同，如大众观光型旅游产品和度假休闲型旅游产品，是旅游业经济系统的不同功能的体现。

（4）动态性

旅游业经济系统中各产业要素、各行业部门及其之间的相互关系是不断变化的，导致旅游经济结构也处于动态演变中。旅游经济结构的变化主要体现在旅游经济发展规模和速度的适应性上。由于影响旅游业经济系统的外部条件较为复杂，因此旅游动态性更为显著。

（5）关联性

旅游业经济系统相比其他产业经济系统最大的差别就在于具有较强的关联性。从旅游业内部要素和子系统来看，任何一个要素的供给都离不开其他相关要素的配合。旅游业要素内部相互关联，同时旅游业要素与外部也具有较强的关联性。

2.5.1.3　旅游业经济系统的功能

旅游业经济系统的主要功能包括平衡国际收支、回笼货币、促进劳动就业、优化产业结构、促进地区经济发展、扩大国际合作等诸多方面。总体来说，旅游业经济系统在国民经济社会发展中具有十分重要的地位。

2.5.2　旅游业生态经济系统

2.5.2.1　旅游业生态经济系统的概念

旅游业生态经济系统是由生态系统和旅游业经济系统交互而成的

复杂巨系统。旅游业生态经济系统首先是人工干预后的人工生态系统，该系统是人与自然和谐共生的有机结合。系统的运行从两个方向开展，从供给方面，系统通过对原始自然生态系统的改造，成为可与游客形成交互体验的旅游资源，进而在旅游经济活动中融入旅游业经济系统；从需求方面，系统通过旅游业经济系统的延伸，通过旅游需求使人类劳动渗入生态系统的自然循环，再形成能够供游客消费的旅游产品。从供需规模来看，单一旅游产品的相互作用形成旅游企业，表现为旅游消费；类似旅游产品的相互作用形成旅游部门；区域旅游经济活动形成旅游产业。

根据旅游地域系统理论，旅游业生态经济系统在地域空间上是相互关联和相互作用的有机整体，是一个要素综合体和地域综合体，不同空间尺度系统的运行规律有所不同。

综上，旅游业生态经济系统由生态系统决定了旅游业的空间属性，由经济系统决定了旅游业的产业层级属性。本书中，旅游业生态经济系统包括宏观区域旅游产业生态经济系统、中观省域旅游行业部门生态经济系统、微观旅游企业生态经济系统，如图 2-1 所示。

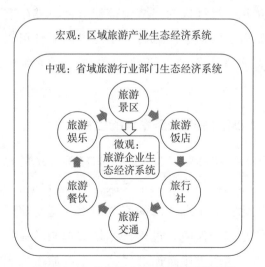

图 2-1　本书旅游业生态经济系统示意

2.5.2.2　旅游业生态经济系统的特征

旅游业生态经济系统具有整体性和相对稳定性。整体性是指通过一定经济结构与技术结构实现的对生态系统的改造，使生态系统与经济系统有机结合，这一过程是一个相对完整的有机整体。相对稳定性是指系统在各要素相互作用中实现要素之间的均衡发展，达到相对稳定的状态，但随着外界环境的改变，如经济发展、政策变化等经济社会的变化，以及气候、自然资源等生态环境的变化，会使旅游业生态经济系统出现一定的改变，因此整个系统在一定条件下具有相对稳定性。

2.5.2.3　旅游业生态经济系统的功能

旅游业生态经济系统在运行过程中，主要通过物质流、能量流、信息流与价值流实现物质循环、能量转化、信息传递以及价值增值（马勇、刘军，2016）。旅游业生态经济系统是自然生态系统中的物质通过旅游产品实现与经济系统的相互作用，通过物质循环实现两个系统能量的相互转化，最终成为经济价值流，使自然生态系统信息转变为可供消费的旅游经济信息。旅游业生态经济系统可以实现生态与经济的平衡发展，实现生态与经济双重效益，最终实现旅游业可持续发展。

2.5.2.4　旅游业生态经济系统的目标

效率、最优和可持续路径选择是生态经济系统的目标，旅游业生态经济系统的目标也包括以上三个层次，基础目标是实现旅游生态效率最大化，即优化自然生态资源的配置效率，这是旅游业生态经济系统可持续发展的基础和保障。过程目标是实现旅游业生态经济系统发展路径的最优化，如通过旅游循环经济、低碳旅游发展、旅游生态补偿、绿色旅游经济等路径实现旅游业生态经济系统发展的最优化。旅游业生态经济系统的最终目标是实现可持续发展。

2.5.3　生态效率评价体系

2.5.3.1　投入指标

投入指标是指与评价对象相关的各种投入要素。在进行生态效率评价时一般考虑以下几种投入：

第一，资本投入。即投入了多少资本获得了相应的产出，资本投入要素一般用货币衡量，如对旅游业生态效率进行评价时，资本投入可以选择旅游业固定资产原值。

第二，劳动力投入。该投入主要通过直接劳动力人口进行评价，如从业人口数量，也有学者从从业人口受教育程度进行考虑。由于数据的可获得性，一般通过从业人口数量衡量人力投入。

第三，能源投入。这是生态效率评价的关键指标，也是其区别于一般效率评价的特征之一。能源投入一般以能源消费量进行衡量，我国现行的统计单位主要是万吨标准煤。

第四，土地投入。土地投入是衡量土地的使用面积，在生态效率评价中也可以将土地资源投入转换为自然资源投入。

第五，水资源投入。即一定时期内评价对象的用水总量。

2.5.3.2　产出指标

由于生态效率不仅要考虑经济产出，还要考虑环境产出，因此，其产出指标一般分为两类，一类是期望产出，一类是非期望产出。期望产出实际是生态经济系统的经济产出，一般通过评价对象的产值、增加值等进行衡量。非期望产出主要是指环境产出，包括因生产导致的废水、废气、固体废弃物的排放等。非期望产出越少越好，也有学者将非期望产出作为投入要素来处理。

2.5.4 旅游业生态效率评价体系

2.5.4.1 旅游业生态效率评价对象

旅游业生态经济系统一般包括旅游的需求方、旅游的供给方和旅游环境三个系统。旅游的需求方主要是指旅游者,旅游的供给方主要是指旅游业,旅游环境是整个旅游活动开展的外部环境,包括旅游活动物质环境与人文环境。根据旅游业生态经济系统,旅游业生态效率评价对象包括三个层级:旅游产业、旅游部门和旅游企业。

(1)旅游产业

旅游产业生态效率就是整个区域的旅游产业在一定时间内提供的产品所产生的价值与旅游产业消耗环境的支出的投入产出关系。区域旅游产业生态效率又可以根据区域范围的大小分为国家层面的旅游产业生态效率、省际层面的旅游产业生态效率、城市层面的旅游产业生态效率等。本书中为区域旅游业。

(2)旅游部门

旅游部门生态效率是指某一个旅游部门提供旅游产品所产生的价值与旅游产业消耗环境支出之间的投入产出关系。旅游部门可以分为旅游住宿部门、旅行社部门、旅游景区部门等。对于完全旅游部门而言,其生态效率的经济量就是整个部门所产生的价值,对于非完全旅游部门,如交通部门,其生态效率评价应该剔除非旅游消费部分。由于非完全旅游部门中非旅游因素的剔除难度较大,为了更准确地分析旅游业生态效率的规律和特征,主要关注完全旅游部门的生态效率评价。

(3)旅游企业

旅游企业生态效率是指旅游企业,如某一旅游饭店、某一旅游景区,提供旅游产品所获得的经济收入与旅游对生态环境的支出之间的投入产出关系。旅游企业的生态效率评价包括两个部分：一是从供给角度分析企业运作中生态经济系统的投入产出效率，二是从消费者角度分析企业市场需求中的生态效率水平。后者可以通过调查分析获得一手数据，比前者拥有更具体、真实的数据，同时，也反映了旅游业生态经济系统在消费角度的运行状况，是生态效率的研究新视角，本书中的旅游企业生态效率分析主要采用后者。

2.5.4.2 旅游业生态效率指标

（1）生态环境指标

旅游业生态环境指标的选取要遵循科学合理性、可推广性、可测量性、可获得性等原则。首先，要符合旅游业生态经济系统的特征与功能；其次，要能够在不同旅游业空间尺度、行业部门以及旅游消费活动之间进行比较；最后，表征指标的数据可获得性是保证生态效率评价的时间延续性。WBSCD所提出的环境影响指标包括水资源耗用、能源耗用、全球变暖影响、臭氧损耗量、废弃物等，这些指标既包括环境要素的影响指标也包括全球气候变化的影响指标，可以指导旅游业生态效率环境指标的选择。

根据生态系统服务价值理论，旅游业作为一种生态结构与过程，生态系统服务价值既包括生态系统向旅游业经济系统输入的物质和能量，也包括旅游业经济系统向生态系统排放的废弃物，结合 WBSCD 的环境影响指标，在旅游资源开发、旅游产品设计、旅游者消费等经济活动中，从生态系统汲取物质和能量，包括能源、水资源、土地资源等，对生态系统排放废水、垃圾、废气等。土地资源在区域旅游业中，边界难以确定，星级饭店、旅游景区、旅行社等的土地资源利用情况差异较大，如旅游景区的土地资源利用面积最大，但相对经济产值、效率最低，因此土地资源不作为本书的旅游业生态效率的评价指标。考虑到全球气候变化的影响，本书选取碳排放作为衡量旅游业经济系统对全球气候变化影响的指标。

综上，本书旅游业生态环境指标主要选取能源、水资源作为投入指标，废水、垃圾、废气、碳排放等作为非期望产出指标。这些指标的选用可以在旅游产业、旅游部门、旅游企业和其他产业与部门之间建立起联系，使生态效率研究更具有可比性。

（2）经济指标

旅游业生态效率经济指标的选取主要考虑旅游经济系统的投入产出关系，包括旅游总收入、旅游固定资产原值、旅游从业人员数等核心经济系统投入产出指标。这些指标是一般经济系统固有的投入产出指标，选用这些指标也有利于旅游业与其他产业之间的对比研究。

旅游业生态效率投入产出指标体系如图 2-2 所示。

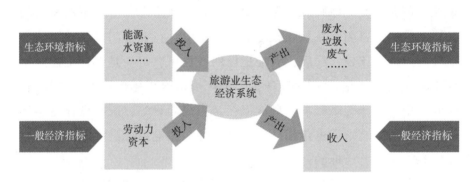

图 2-2　旅游业生态效率投入产出指标体系

2.5.4.3　旅游业生态效率的适用

（1）量化旅游业生态经济系统运行效率

生态效率评价的本质是对旅游业生态经济系统的度量，是对经济系统度量的扩充，是一种包括绿色发展理念的绿色产出效率的研究方案。长期以来，旅游业一直被认为是无烟产业，但一直缺乏有利的数据，即使有定量研究也较多用绝对量来反映旅游业的环境影响，缺乏地区间和产业部门间的比较研究。通过投入产出的相对生态效率评价，可以在多个旅游区域和旅游部门之间开展生态效率比较研究，通过区域、旅游部门之间的横向比较可以进一步量化旅游业生态经济系统的运行状况，指导地方政府和企业推动旅游业可持续发展。

（2）不同尺度下旅游业生态效率适用性

在不同尺度的旅游业生态经济系统中，生态效率的评价旨在解释旅游业的环境成本，提高旅游业的可持续发展与绿色发展水平。但每一个层次的旅游业生态效率评价的指导意义都有所不同。区域旅游业、旅游部门层次的生态效率分析，更多是为政府决策者和企业决策者提供指导。作为企业决策者，可以关注旅游部门、旅游企业两个层次的生态效率。同时，政府决策者主要是在税收、指导意见等政策方面进行调控，而企业决策者在管理技术、产品和服务的生产、市场营销等环节进行。因此，旅游业的生态效率适用性更广泛，能够宏观把控经济社会运行规律，揭示区域旅游业生态效率的一般规律与特征，旅游部门和旅游企业的生态效率研究适用性更加具体，需要更精准地测度，以指导企业可持续发展旅游业。

2.5.5　不同尺度下旅游业生态效率评价设计

2.5.5.1　不同尺度下旅游业生态效率投入产出指标体系

区域旅游业，旅游各部门以及景区旅游消费三个层面的投入产出体系均包括投入指标、产出指标与非期望产出指标三类指标。经济系统投入产出均选取了代表产出的收入、代表资本投入的固定资产投资、代表劳动力的从业人数。数据主要来自统计资料和旅游剥离系数法计算。

区域旅游业，旅游各部门以及景区旅游消费三个层面的生态系统投入产出指标略有不同，区域层面旅游业投入产出与旅游各部门投入产出体系基本一致，微观景区主要从旅游消费者角度出发，考虑数据的可获得性，投入产出体系有所精简，其中二氧化硫排放量与碳排放量不再考虑。景区数据主要通过对旅游者的调查问卷与景区统计数据获得。

在中观旅游各部门生态效率研究中,将直接碳排放和考虑了与相关产业投入产出关系的间接碳排放的完全碳排放两个指标分别作为生态系统的生态环境影响指标,进行单一指标的生态效率分析。直接碳排放和间接碳排放主要通过区域投入产出表计算得来。

2.5.5.2 不同尺度下旅游业生态效率的决策单元

区域旅游业生态效率评价的决策单元为我国 31 个省份(不含港澳台)。分析时按年度逐年进行生态效率比较,是空间上的相对效率分析。

星级饭店、旅行社与旅游景区生态效率评价的决策单元是 1997~2016 年的每一个年度。分析时按部门逐一进行生态效率比较,是时间上的相对效率分析。

旅游景区消费生态效率评价的决策单元是填写有效调查问卷的 871 名游客,同时,通过不同消费水平分组逐年进行生态效率比较,是消费行为上的相对效率分析。

2.5.5.3 生态效率分析方法

宏观区域旅游业生态效率作为空间上的相对效率分析,主要进行了空间上生态效率的分布特征分析,从空间维度探索生态效率的一般规律。

中观旅游各部门生态效率作为时间上的相对效率分析,主要进行了时间上生态效率的分布特征分析,从时间维度探索生态效率的一般规律。

微观旅游景区消费生态效率作为行为上的相对效率分析,主要进行了不同消费方式下生态效率的分布特征分析,从消费行为维度探索生态效率的一般规律。

2.6 本章小结

　　本章重点对旅游业及其边界、旅游业生态效率等概念进行梳理和总结。通过研究综述，对生态效率的研究对象和测度方法以及旅游业生态效率研究的内容与方法进行梳理，分析了旅游业生态效率研究现状与研究进展。研究发现，生态效率研究中对旅游业生态效率的分析较少，概念相对模糊，研究方法也相对单一。通过构建旅游业生态效率的理论体系与研究框架，有助于合理地选择旅游业生态环境营销指标，科学地选择旅游业生态效率投入产出指标体系，分析旅游业时空演化规律与驱动机制是未来研究的重点。通过梳理旅游业生态经济系统的概念、特征、结构与功能，分析了生态效率在宏观区域尺度、中观旅游部门尺度以及微观旅游景区尺度的评价对象、决策单元和生态效率分析方法，进而设计出不同尺度旅游业生态效率评价研究框架。

全国区域旅游业生态效率及其
驱动因素分析

基于中国 31 个省份（不含港澳台）的旅游业生态效率研究是宏观层面的区域旅游业生态效率分析的实证研究，本书的区域旅游业生态效率分析选取中国 31 个省份（不含港澳台）为研究对象，以 31 个省份（不含港澳台）为决策单元，通过测量 31 个省份（不含港澳台）1997～2016 年的旅游业生态效率水平，探索宏观层面旅游业生态效率发展的空间分布格局与时空演化趋势。通过 31 个省份（不含港澳台）20 年的旅游业生态效率形成的面板数据，借助计量经济学与空间计量经济学等研究方法，实现对生态效率时空分异的内在驱动因素与外部影响因素的识别。本章是对全国宏观空间尺度下旅游业生态经济系统的运行情况的分析，能够发现各省份在不同经济发展条件下旅游业绿色发展规律，为全国旅游业绿色发展提供空间优化指导，为各省份旅游业绿色发展提供理论支撑。

3.1　研究思路与方法

3.1.1　研究思路

如图 3-1 所示，本书实证分析以宏观旅游业生态经济系统为基础，构建宏观尺度旅游业生态效率评价体系，主要选取能源、水资源作为生态环境的投入指标，二氧化硫、废水、生活垃圾、碳排放作为生态环境的非期望产出指标，通过旅游剥离系数法对上述生态环境指标进行处理。通过构建包括非期望产出的模型（UOM），实现对中国31个省份（不含港澳台）旅游业生态效率的评价。利用空间热点分析、重心分析以及空间自相关分析，探讨全国旅游业生态效率中心的移动轨迹、时空格局演化与空间集聚特征。通过计量经济学中的面板 Tobit 模型，识别区域旅游业生态效率空间分异的内部驱动因素，以揭示旅游业生态经济系统内部运行效率提升的主要驱动因素。通过空间计量分析的地理探测器模型，识别区域旅游业生态经济系统的外部影响因素。

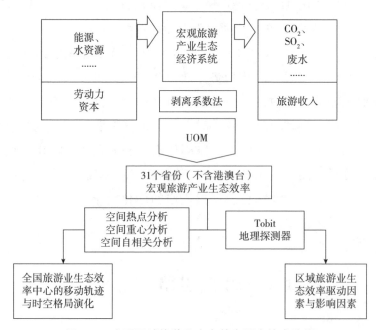

图 3-1　宏观区域旅游业生态效率研究技术路线

本书中，区域旅游业的研究边界主要包括星级饭店、旅行社与旅游景区三个核心部门。上述三个部门是旅游业的直接生产部门，是旅游业生态经济系统的核心，分别对应旅游活动中旅游者在旅游目的地的主要消费。该边界小于文化和旅游部与国家统计局对旅游业所界定的边界，但考虑到上述三个部门数据的连续性，部门产品与服务生产的相对独立性，相比更大边界重复计算的旅游产品与服务，能够更为准确地反映旅游业生态经济系统运行的客观情况。因此，本书主要以星级饭店、旅行社和旅游景区三个部门，作为旅游业生态效率研究的边界与产业研究对象。

3.1.2　研究方法

3.1.2.1　数据包络分析

本书通过构建包含非期望产出的模型，测算区域旅游业生态效率，各空间单元分别包括投入、期望产出和非期望产出三个向量，表示为 $x \in R^m, y^g \in R^{s_1}, y^b \in R^{s_2}$，定义矩阵 X, Y^g, Y^b 如下：$[X] = [x_1, x_2, \cdots, x_n]^T \in R^{m \cdot n}$，$[Y^g] = [y_1^g, y_2^g, \cdots, y_n^g]^T \in R^{s_1 \cdot n}$ 及 $[Y^b] = [y_1^b, y_2^b, \cdots, y_n^b]^T \in R^{s_2 \cdot n}$，$X > 0, Y^g > 0, Y^b > 0$。定义生产可能性集 P 为：$P = \{(x, y^g, y^b) \mid x \geqslant \lambda x, y^g \leqslant \lambda Y^g, y^b \geqslant \lambda Y^b, \lambda \geqslant 0\}$。则基于规模报酬可变的 UOM 表达为：

$$P^* = \min \frac{1 - \dfrac{1}{m} \displaystyle\sum_{i=1}^{m} \dfrac{s_i^-}{x_{i0}}}{1 + \dfrac{1}{s_1 + s_2}\left[\displaystyle\sum_{r=1}^{s_1} \dfrac{s_r^g}{y_{r0}^g} + \displaystyle\sum_{r=1}^{s_2} \dfrac{s_r^b}{y_{r0}^b}\right]} \qquad (3-1)$$

式中：s 为投入、产出的松弛变量；λ 为权重向量。目标函数 P^* 关于 s^-，s^g，s^b 是严格递减的，并且 $0 \leqslant P^* \leqslant 1$。对于特定的空间单元，当且仅当 $P^* = 1$，且 s^-，s^g，s^b 均为 0，生态效率有效；若 $P^* < 1$，或 s^-，s^g，s^b 不全为 0，说明空间单元的生态效率是无效的，存在对投入产出变量的改进的必要性。依此判断各地区旅游业生态效率水平（Cooper et al., 1999）。

3.1.2.2 热点分析

Getis-Ord G_i^* 指数由 Getis 和 Ord 提出，可以在研究区内寻找属性值显著异于其他地方的子区域。表达为：

$$G_i^* = \frac{\sum\limits_{j=1}^{n} \varphi_{i,j} x_j - \left(\dfrac{1}{n}\sum\limits_{j=1}^{n} x_j\right) \times \sum\limits_{j=1}^{n} \varphi_{i,j}}{\sqrt{\dfrac{\sum\limits_{j=1}^{n} x_j^2}{n} - \left(\dfrac{1}{n}\sum\limits_{j=1}^{n} x_j\right)^2} \times \sqrt{\dfrac{n\sum\limits_{j=1}^{n} \varphi_{i,j}^2 - \left(\sum\limits_{j=1}^{n} \varphi_{i,j}\right)^2}{n-1}}} \quad (3-2)$$

式中：x_j 为要素 j 的属性值；$\varphi_{i,j}$ 为要素 i 和 j 之间的空间权重；n 为要素总数。G_i^* 指数可以显示空间高值(热点)或低值(冷点)要素在空间上发生聚类的位置。中国各区域旅游业生态效率的热点和冷点分别可以代表生态效率水平高值显著地区和低值显著地区。

3.1.2.3 重心坐标分析

本书用重心坐标分析来分析全国旅游业生态效率重心的移动轨迹，用以归纳旅游业生态效率的空间演化规律。其数学表达式为：

$$p_i(x_i, y_i) = \left[\frac{\sum\limits_{i=1}^{n} ee_i x_i}{\sum\limits_{i=1}^{n} ee_i}, \quad \frac{\sum\limits_{i=1}^{n} ee_i y_i}{\sum\limits_{i=1}^{n} ee_i} \right] \quad (3-3)$$

式中：$p_i(x_i, y_i)$ 为第 i 区域生态效率的重心坐标；ee_i 为第 i 区域旅游业的生态效率水平。

3.1.2.4 空间自相关分析

本书主要通过全局空间自相关和局域空间自相关来分析省际旅游业生态效率的空间相互关系。全局空间相关测度研究区域内所有空间对象的总体关联程度、空间分布模式及显著性，全局自相关一般常用全局 Moran's I 指数测度，取值范围为 $-1 \sim 1$，正值表示空间正相关，负值表示空间负相关，0 值表示空间不存在相关性，即空间随机分布，计算公式如下：

$$I = \frac{n \sum\limits_{i=1}^{n} \sum\limits_{j=1}^{n} w_{i,j}(y_i - \overline{y})(y_j - \overline{y})}{(\sum\limits_{i=1}^{n} \sum\limits_{j=1}^{n} w_{i,j}) \sum\limits_{i=1}^{n} (y_i - \overline{y})^2} \tag{3-4}$$

式中：n 为省份数量；y_i 和 y_j 分别为省份 i 和省份 j 旅游业生态效率值；$\overline{y}$ 为各区域的平均值；空间权重矩阵 $w_{i,j}$ 为二元邻接矩阵。全局 Moran's I 指数需要进一步通过 Z 检验统计量来检验空间相关性的显著性水平，$E(I)$ 为期望，$Var(I)$ 为方差（关伟、许淑婷，2015）。

$$Z = \frac{I - E(I)}{\sqrt{Var(I)}} \tag{3-5}$$

全局空间自相关假定空间是同质的，因此，需要通过局域空间自相关分析每个空间对象观测值的空间相关程度，将全局 Moran's I 指数分解到局域空间上，对局域 Moran's I 指数进行测度，即

$$I_i = \frac{y_i - \overline{y}}{S^2} \sum\limits_{j=1}^{n} w_{i,j}(y_i - \overline{y}) \tag{3-6}$$

式中：S^2 为 y_i 的离散方差；$\overline{y}$ 为均值；$w_{i,j}$ 为权重矩阵。正的 I_i 值表示该区域周围相向（高高或低低）的空间集聚，负的 I_i 值表示该区域周围相反（高低或低高）的空间集聚。

3.1.2.5 面板 Tobit 分析

Tobit 回归模型由 Tobin 提出，它主要针对受限或截断因变量的模型构建问题（Diaz-Villavicencio et al.，2017；Li et al.，2018）。本书通过 UOM 测算的生态效率是 0~1 的截断值，因此，采用面板 Tobit 模型识别影响区域旅游业生态效率空间分异的驱动因素。模型表达式为：

$$y_{it}^{*} = \alpha x_{it} + \varepsilon_{it}$$

$$y_{it} = \begin{cases} y_{it}^{*}, y_{it}^{*} \geqslant 0 \\ 0, y_{it}^{*} \leqslant 0 \end{cases} \quad i = 1, 2, \cdots, N \text{ and } t = 1, 2, \cdots, T \qquad (3-7)$$

$$\varepsilon_{it} \sim N(0, \sigma^2)$$

式中：i 为中国 31 个省份（不含港澳台）；t 为不同年份；x_{it} 为自变量；α 为回归参数；ε_{it} 为扰动项。

3.1.2.6 地理探测器模型

本书采用王劲峰和徐成东（2017）提出的地理探测器模型，分析全国区域旅游业生态效率分异的外部影响因素。该模型可以通过检验两个变量空间分布的一致性，来探测两变量之间可能的因果关系，在分析地理要素格局演变和地域空间分异等方面应用得非常广泛（刘彦随、李进涛，2017）。根据地理探测器的原理，本书引入旅游业生态效率空间分异决定力指标 q。假定研究区域 i 旅游业生态效率为 y。假设 A 是可能影响旅游业生态效率空间分异的因素集，$h = 1, 2, \cdots, L$，L 为因素分类数，A_h 为不同类型的因素 A。一个类型 h 对应空间上一个或多个子区域。为了探测因素 A 与旅游业生态效率 y 的空间相关性，将旅游业生态效率 y 图层与因素 A 图层叠置，在因素 A 的第 h 类型，y 的离散方差被记为 σ_h^2，因素 A 对旅游业生态效率 y 的决定力大小为：

$$q = 1 - \frac{1}{n\sigma^2} \sum_{h=1}^{L} n_h \sigma_h^2 \qquad (3-8)$$

式中：n_h 为在因素 A 的类型 h（对应一个或多个子区域）内的样本数；n 为整个研究区域内的所有样本数；L 为因素 A 的分类数，σ_h^2 为整个区域的离散方差。q 取值区间为 $[0, 1]$，其数值越大，表明该因子对区域旅游业生态效率的变化解释能力越强。

3.1.3 研究数据搜集与处理

本书的旅游业生态效率评价投入指标主要包括传统经济系统的劳动力和资本，以及生态系统中的能源和水资源指标；期望产出指标是传统经济系统的产值；非期望产出指标主要包括废水排放、垃圾排放、二氧化硫排放及碳排放。其中，劳动力指标主要是星级饭店从业人员数、旅行社从业人员数及旅游景区从业人员数的加总；资本指标主要是星级饭店、旅行社以及旅游景区固定资产原值的加总；营业收入指标主要是星级饭店、旅行社以及旅游景区营业收入的加总。能源投入分别通过各地区能源平衡表中批发零售住宿餐饮业的单位 GDP 标准煤消耗与其他行业的单位 GDP 标准煤消耗计算星级饭店、旅行社以及旅游景区的能源消耗水平并加总；水资源投入主要通过各地区人均生活用水量与当地星级饭店、旅行社与旅游景区接待游客量相乘进行计算；废水排放与二氧化硫排放与水资源投入计算方法相同，均为通过当地人均水平，再根据当地星级饭店、旅行社与旅游景区接待游客情况进行测算。碳排放根据 IPCC 国际标准，通过能源数据算得。其中，旅游业固定资产投入与旅游业营业收入以 1997 年为基期，分别通过各省区市固定资产价格指数与居民消费价格指数进行不变价处理。其具体投入产出指标如表 3-1 所示。

表 3-1　区域旅游业生态效率投入产出指标

指标名称		数据来源	单位
投入指标	旅游业从业人员总数	星级饭店从业人员数+旅行社从业人员数+旅游景区从业人员数	人
	旅游业固定资产投入	星级饭店固定资产原值+旅行社固定资产原值+旅游景区固定资产原值	万元

指标名称		数据来源	单位
投入指标	旅游业能源投入	星级饭店收入×批发零售住宿餐饮业能源总量÷批发零售住宿餐饮业增加值+(旅行社收入+旅游景区收入)×其他行业能源总量÷其他行业增加值	万吨标准煤
	旅游业水资源投入	星级饭店客房出租率×客房数×人均生活用水量+(旅行社海外游客数+国内游客数)×当年境外游客人均停留天数÷365×人均用水量+旅游景区人数×当年境外游客人均停留天数÷365×人均用水量	万吨
期望产出指标	旅游业营业收入	星级饭店营业收入+旅行社营业收入+旅游景区营业收入	万元
非期望产出指标	旅游业废水排放	星级饭店客房出租率×客房数×人均废水排放量+(旅行社海外游客数+国内游客数)×当年境外游客人均停留天数÷365×人均废水排放量+旅游景区人数×当年境外游客人均停留天数÷365×人均废水排放量	万吨
	旅游业垃圾排放	星级饭店客房出租率×客房数×人均垃圾排放量+(旅行社海外游客数+国内游客数)×当年境外游客人均停留天数÷365×人均垃圾排放量+旅游景区人数×当年境外游客人均停留天数÷365×人均垃圾排放量	万吨
	旅游业二氧化硫排放	星级饭店客房出租率×客房数×人均二氧化硫排放量+(旅行社海外游客数+国内游客数)×当年境外游客人均停留天数÷365×人均二氧化硫排放量+旅游景区人数×当年境外游客人均停留天数÷365×人均二氧化硫排放量	吨
	旅游业碳排放	旅游业能源投入量×碳排放系数	万吨

3.2 全国区域旅游业生态效率总体演变轨迹

通过 UOM，算得 1997~2016 年全国 31 个省份(不含港澳台)的旅游业生态效率水平(见图 3-2),发现 1997~2016 年中国旅游业生态效率呈现下降趋势。空间变异系数在 0.4 左右,相对平稳。2010 年空间差异出现明显变大的趋势,2008 年北京奥运会的举办对区域旅游业生态效率的空间分异也存在影响。1997~2016 年作为刺激经济增长、扩大内需的新型增长极,旅游业经济发展势头良好,始终保持20% 左右的增长速度,但生态效率呈现总体下降的趋势。这说明,旅游业生态经济系统的投入产出效率越来越低,高速的经济增长并没有弥补对生态环境带来的影响,反而旅游业对生态环境的影响逐年加剧,导致生态效率逐年下降。

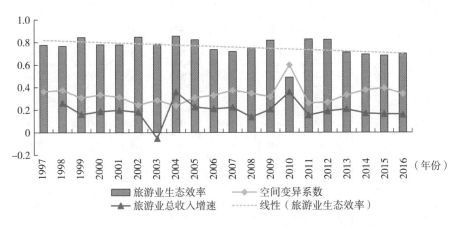

图 3-2 1997~2016 年旅游业生态效率演变轨迹与空间变异系数

3.3 全国区域旅游业生态效率空间格局

3.3.1 空间分布特征

本书将各地区旅游业生态效率水平从低到高分为五级,用 *TE* 表示旅游业生态效率，0<*TE*<0.40 为无效率地区，0.41<*TE*<0.60 为低效率地区，0.61<*TE*<0.80 为待改善地区，0.81<*TE*<0.99 为相对高效率地区，*TE*=1 为高效率地区，结果如表 3-2 所示。

表 3-2　中国 31 个省份（不含港澳台）旅游业生态效率

省份	1997 年	2000 年	2003 年	2006 年	2009 年	2012 年	2014 年	2016 年
北京	1.000	0.612	0.518	1.000	1.000	1.000	1.000	1.000
天津	0.474	1.000	0.500	0.587	1.000	0.691	1.000	1.000
河北	0.339	0.602	0.424	0.300	0.326	0.615	0.412	0.393
山西	0.362	0.364	0.557	0.620	0.427	1.000	0.489	0.691
内蒙古	1.000	0.450	0.526	0.391	0.404	0.483	0.365	0.432
辽宁	0.564	0.491	1.000	0.694	0.566	1.000	0.541	0.595
吉林	0.341	0.312	0.592	0.720	0.713	1.000	0.582	1.000
黑龙江	0.276	1.000	0.601	0.475	1.000	0.476	0.481	0.669
上海	1.000	1.000	0.605	1.000	1.000	1.000	1.000	1.000
江苏	1.000	0.662	1.000	1.000	1.000	1.000	1.000	1.000
浙江	1.000	1.000	1.000	1.000	1.000	1.000	1.000	0.492
安徽	0.752	0.478	0.667	1.000	1.000	0.550	0.430	0.551
福建	1.000	0.718	0.836	0.683	1.000	0.771	0.711	1.000
江西	1.000	0.574	1.000	0.553	0.602	1.000	0.516	0.585
山东	0.584	1.000	0.558	0.621	1.000	1.000	1.000	0.643
河南	0.615	1.000	1.000	0.567	1.000	0.489	0.443	0.496
湖北	1.000	1.000	0.640	0.542	0.503	0.678	0.505	0.547
湖南	1.000	1.000	1.000	0.559	0.465	1.000	0.646	0.667
广东	1.000	1.000	1.000	1.000	1.000	1.000	1.000	1.000
广西	0.406	0.472	0.474	0.460	0.436	0.717	0.646	0.626
海南	1.000	1.000	1.000	1.000	1.000	1.000	0.658	0.605
重庆	1.000	1.000	1.000	1.000	1.000	1.000	1.000	1.000
四川	1.000	1.000	1.000	1.000	1.000	0.436	0.365	0.441

省份	1997 年	2000 年	2003 年	2006 年	2009 年	2012 年	2014 年	2016 年
贵州	0.357	0.345	0.421	0.431	1.000	0.505	0.345	0.318
云南	1.000	1.000	1.000	1.000	1.000	1.000	1.000	0.579
西藏	1.000	1.000	1.000	1.000	1.000	1.000	1.000	1.000
陕西	1.000	1.000	0.716	0.434	0.459	0.599	0.464	0.533
甘肃	0.590	0.677	0.735	0.624	1.000	1.000	0.507	0.490
青海	1.000	1.000	1.000	1.000	1.000	1.000	1.000	1.000
宁夏	1.000	1.000	1.000	1.000	1.000	1.000	1.000	1.000
新疆	0.411	0.436	1.000	0.564	0.450	0.550	0.399	0.386

　　1997～2016 年旅游业生态效率平均水平较高的省份位于生态环境本底较好的西部地区与经济发展水平较高的东南沿海地区。青海、西藏、宁夏、重庆、广东 5 个省份旅游业生态效率水平始终处于高效率状态。北京、上海以及其他东南沿海地区呈现一定优势，为相对高效率地区。其中，四川和云南作为旅游业发展优势地区，其生态效率水平也相对较高。其他地区均为生态效率较低地区。总体而言，旅游业生态效率在空间上表现为西部和东南沿海高效率带、中西部中效率带及北部低效率带。旅游业生态高效率地区一般分布在生态环境本底较好或经济发展水平较高的地区。

　　本书选取 1997 年、2000 年、2003 年、2006 年、2009 年、2012 年、2014 年与 2016 年 8 个年份，对中国 31 个省份(不含港澳台)旅游业生态效率空间分布特征分别进行分析，发现 1997～2016 年旅游业高效率地区和相对高效率地区逐渐减少，低效率和无效率地区越来越多且从北方逐步向中部和西部扩散。从不同省份的演变轨迹来看，旅游业生态效率演变轨迹呈现出四种类型，一是效率提升型，如吉林省；二是效率下降型，如四川省；三是先提升后下降的倒"U"形，如甘肃省，四是先下降后提升的正"U"形，如福建省。

3.3.2　空间热点分析

引入 Getis-Ord G_i^* 地理空间统计方法对旅游业生态效率空间格局进行分析。通过对 1997~2016 年旅游业生态效率的平均水平进行分析，根据空间正负相关性显著水平将 Getis-Ord G_i^* 指数划分为 7 类，分别为负相关显著性在 0.01 的冷点区域、负相关显著性在 0.05 的次冷点区域、负相关显著性在 0.1 的次次冷点区域、相关性不显著的过渡区域、正相关显著性在 0.01 的热点区域、正相关显著性在 0.05 的次热点区域和正相关显著性在 0.1 的次次热点区域。结果如表 3-3 所示。

表 3-3　旅游业生态效率空间冷热点分布

显著性级别	冷热点类型	1997 年	2000 年	2003 年	2006 年	2009 年	2012 年	2014 年	2016 年	平均
0.01 负相关	冷点	0	0	2 (吉、辽)	0	0	0	0	0	0
0.05 负相关	次冷点	3 (黑、吉、辽)	0	4 (京、津、冀、蒙)	0	0	0	0	0	2 (吉、辽)
0.1 负相关	次次冷点	0	1 (辽)	1 (鲁)	1 (吉)	1 (蒙)	0	0	0	1 (蒙)
不显著	过渡区域	25	30	22	29	29	31	31	31	27
0.1 正相关	次次热点	3 (浙、闽、湘)	0	2 (青、藏)	1 (青)	1 (青)	0	0	0	0
0.05 正相关	次热点	0	0	0	0	0	0	0	0	1 (青)
0.01 正相关	热点	0	0	0	0	0	0	0	0	0

从 1997~2016 年平均水平来看，热点区域仅有青海，为显著性通过 0.05 检验的次热点地区，冷点地区有吉林、辽宁和内蒙古，分别为显著性通过 0.05 的次冷点地区和显著性通过 0.1 检验的次次冷点地区，其余为不显著。从时间演变来看，各年份均没有显著的热点地区，冷点区域主要集中在东北以及内蒙古等地区，热点地区由西南地区向西北青海转移，整体冷点热点区域在空间上显著性逐年下降，至 2012 年已不存在具有显著性的热点和冷点地区。这也进一步说明，在旅游业生态效率水平整体平均值下降的情况下，各地区旅游业生态效率均出现下降态势，但不存在明显的发展优势地区和劣势地区。这说明，旅游业低生态效率出现全国性扩散，并出现一定的均衡发展趋势，这与旅游业生态经济系统本质上是开放流动的系统，各种要素在旅游业生态经济系统的空间上频繁流动相关。随着近年来旅游业的发展，交通基础设施投资不断增加，尤其是铁路交通的建设力度不断加大，人流、物流、资金流在全国范围内流通，旅游业在全国各地均得到了长足的发展，不再集中于某几个旅游资源优势省份，因此曾经具有明显优势的省份，在旅游业生态经济系统运行中的表现逐渐趋于平庸化。

3.3.3 空间重心分析

通过重心坐标公式，计算 1997~2016 年全国 31 个省份(不含港澳台)旅游业生态效率重心坐标，可得到旅游业生态效率的空间重心转移轨迹。重心坐标的转移轨迹分析可以反映旅游业生态经济系统投入产出合理化程度在空间中的分布，若向某个方向移动，则表明该方向上的旅游业生态经济投入产出效率的增长速度要高于其他地区。重心分析能够实现对全国旅游业生态效率空间演变过程的分析，对旅游业生态经济系统要素的合理配置具有一定的指导意义。

从整体上看，全国 31 个省份(不含港澳台)旅游业 1997~2016 年重心变化范围在河南、陕西与湖北三省，在中国几何重心东南方向。

整体轨迹呈现由西南向东北方向的震荡转移。南北移动幅度大于东南移动幅度。说明旅游业生态效率南北差异大于东西差异，导致旅游业生态效率重心呈现明显的南北移动趋势。从重心转移轨迹上看，1997~2016 年东北地区旅游业区域生态效率提高，对重心具有较强的牵引作用。而西部地区虽然有西藏、青海、宁夏等高效率地区，但对重心的牵引力度不大，说明西部地区的高效率并没有对周边地区产生影响，也说明依托生态环境本底的旅游业高生态效率地区很难带动周边地区发展，发展旅游经济的同时降低对生态环境的影响是稳步提高区域生态效率的有效路径。

3.4 全国区域旅游业生态效率空间自相关分析

结合上述分析，为了进一步探明旅游业生态效率在空间上是否具有集聚特征，对 1997~2016 年中国 31 个省份（不含港澳台）旅游业生态效率进行空间自相关分析。

3.4.1 全局空间自相关分析

通过计算全局 Moran's I，研究结果如表 3-4 所示。当 $|z| > 1.95$ 或 $p < 0.05$ 时存在空间相关性，若 Moran's I 为正，则说明旅游业生态效率具有空间正相关性，若 Moran's I 为负，则说明旅游业生态效率具有空间负相关性。通过研究发现，1999 年和 2000 年中国旅游业生态效率表现出一定的空间负相关性，其他年份中国旅游业生态效率空间不具有相关性，这表明，中国 31 个省份（不含港澳台）旅游业生态效率空间相关性不明显，空间集聚整体呈现不断扩散的态势，空间依赖性减弱而空间异质性增强。

表 3-4　1997~2016 年中国旅游业生态效率全局 Moran's I 研究结果

年份	Moran's I	z	p	年份	Moran's I	z	p
1997	0.0126	0.3177	0.360	2007	−0.0536	−0.2855	0.405
1998	0.0343	0.5527	0.255	2008	0.0267	0.4587	0.310
1999	−0.2059	−1.5700	0.045	2009	−0.0715	−0.3425	0.405
2000	−0.2059	−1.4974	0.050	2010	0.0299	0.3604	0.310
2001	−0.1404	−0.9518	0.170	2011	0.0988	1.3487	0.090
2002	−0.0157	0.0987	0.390	2012	0.0054	0.3041	0.350
2003	−0.0888	−0.5908	0.290	2013	−0.0089	0.2418	0.355
2004	−0.0801	−0.3956	0.350	2014	0.0090	0.2817	0.350
2005	−0.0652	−0.3870	0.360	2015	−0.1258	−0.8934	0.190
2006	−0.0536	−0.2612	0.410	2016	0.0042	0.2624	0.370

3.4.2　局域空间自相关分析

本书通过局域 Moran's I 统计(又称 LISA)来分析各省份之间的旅游业生态效率空间关联特征。结果分为四类：第一类为旅游业生态效率高高(HH)集聚区，该类型集聚区内各省份的旅游业生态效率较高，且周边省份也较高；第二类为旅游业生态效率低高(LH)集聚区，该类型集聚区内各省份的旅游业生态效率较低，但周边省份较高；第三类为旅游业生态效率低低(LL)集聚区，该类型集聚区内各省份旅游业生态效率水平较低，且相邻省份也较低；第四类为旅游业生态效率高低(HL)集聚区，该类型集聚区内各省份旅游业生态效率较高，但周边省份较低。1997~2016 年中国 31 个省份(不含港澳台)旅游业生态效率空间相关性通过 p 值小于 0.05 显著性水平检验的区域在四种类型的空间分布如表 3-5 所示。

表3-5 1997~2016年中国31个省份(不含港澳台)
旅游业生态效率局域空间关联格局演变

集聚区类型	不显著	省内高，周边高（HH）	省内高，周边低（HL）	省内低，周边低（LL）	省内低，周边高（LH）
1997年	28	0	0	1(京)	2(粤、渝)
1998年	27	0	0	2(京、冀)	2(粤、渝)
1999年	27	0	0	0	4(粤、陕、渝、新)
2000年	30	0	1(冀)	0	0
2001年	30	0	1(苏)	0	0
2002年	27	0	0	1(京)	3(粤、黑、渝)
2003年	28	0	1(京)	0	2(粤、渝)
2004年	28	1(川)	1(京)	0	1(新)
2005年	29	1(川)	1(津)	0	0
2006年	28	0	0	1(京)	2(粤、渝)
2007年	30	0	0	1(京)	0
2008年	27	2(川、渝)	0	1(京)	1(滇)
2009年	28	0	0	1(京)	2(粤、渝)
2010年	27	2(鄂、湘)		1(京、冀)	1(渝)
2011年	28	1(粤)	1(冀)	0	1(黔)
2012年	29	1(粤)	0	0	1(豫)
2013年	29	1(粤)	0	0	1(豫)
2014年	29	1(粤)	0	0	1(豫)
2015年	30	0	0	0	1(豫)
2016年	28	1(粤)	0	1(青)	1(豫)

出现高高集聚区的省份主要有广东（2011 年、2012 年、2013 年、2014 年、2016 年）、四川（2004 年、2005 年、2008 年）、重庆（2008 年）、湖南（2010 年）、湖北（2010 年）。出现高低集聚区的省份主要有北京（2003 年、2004 年）、河北（2000 年、2011 年）、江苏（2001 年）、天津（2005 年）。

出现低低集聚区的省份主要有北京（1997 年、1998 年、2002 年、2006 年、2007 年、2008 年、2009 年、2010 年）、河北（1998 年、2010 年）、青海（2016 年）。出现低高集聚区的省份较多，主要有重庆（1997 年、1998 年、1999 年、2002 年、2003 年、2006 年、2009 年、2010 年）、广东（1997 年、1998 年、1999 年、2002 年、2003 年、2006 年、2009 年）、河南（2012 年、2013 年、2014 年、2015 年、2016 年）、新疆（1999 年、2004 年）、陕西（1999 年）、黑龙江（2002 年）、云南（2008 年）、贵州（2011 年）。

从总体上看，旅游业高生态效率地区较零散，没有明显的空间溢出效应，北京和广东均是旅游业发达的省份，但旅游业生态效率表现出的空间特征差异很大。北京旅游业生态效率曾一度是低低集聚区，并有扩散到京津冀地区的态势，而广东近年来始终是旅游业生态效率的高高集聚区。这与广东良好的生态本底有关，也与近年来广东推进泛珠三角区域发展，以及西南地区高铁网络的大力建设有关。说明旅游业生态系统与经济系统协调发展能实现更好的空间溢出效应，旅游业区域协同发展也有利于旅游业生态经济系统的良好运行，反之，在发展旅游业过程中对生态环境影响的忽视会带来空间的负面效应的叠加。高铁网络等基础设施作为空间连通载体能够促进旅游业人流、物流、价值流的传递，但同时也会在要素流动中加快旅游业的粗放式发展，旅游业生态经济系统要素需要合理配置，加强对高高集聚区旅游业发展模式的总结与推广，寻求绿色发展路径，以防低效率的粗放式发展在全国范围扩散。

3.5 全国区域旅游业生态效率
驱动因素分析

　　旅游业生态效率驱动机制研究是对区域旅游业生态效率空间异质性因素的挖掘，主要包括内部驱动因素和外部影响因素两个方面，内部驱动因素直接作用于区域旅游业生态效率，表现为区域旅游业生态效率运行过程中的投入产出关系，对旅游业生态效率的影响是直观且密切相关的，主要采用面板 Tobit 模型通过回归实现对旅游业生态效率驱动因素的识别。外部影响因素间接作用于旅游业生态效率，表现为区域旅游业运行中外部的经济、社会等环境的影响与变化，对旅游业生态效率的影响是模糊且不易识别的，本书主要采用地理探测器模型，识别区域旅游业不同空间决策单元生态效率差异的影响因素。

3.5.1 基于面板 Tobit 模型的内部驱动因素分析

　　影响区域生态效率的内部驱动因素有规模效应、结构效应、资本效应、技术效应、人口效应与环境政策效应等因素（Peng et al.，2017）。对于旅游业而言，作为典型的生态经济系统，系统的内部驱动因素主要是体现生态经济系统运行总量的规模效应、体现生态经济系统运行内部主体结构的结构效应、体现生态经济效应经济投入的资本效应，以及体现生态经济系统生态环境保护技术水平的技术效应。

　　本书使用面板 Tobit 回归模型，验证经济规模、产业结构、资本效应、技术效应 4 个因素对区域旅游业生态效率的影响。模型主要选取以下指标衡量区域旅游业生态效率的内部驱动因素。

　　规模驱动效应主要通过旅游总收入（TI）、旅游总人数（TP）来表达，这里的旅游总收入和旅游总人数是旅游总体收入与接待游客水平，其中不仅包括旅游业研究的核心部门星级饭店、旅行社与旅游景区，同时还包括旅游业交通、旅游购物、旅游娱乐，以及其他旅游辅助部门，相较于旅游业生态效率的研究边界，更大边界的旅游总收入和旅游总人数能够更为合理地反映区域旅游业生态经济系统运行的总量，也能够更加全面地反映总体规模对旅游业生态经济系统投入产出关系的影响，如果依然是很小的边界，系统运行中可能出现的重复和重叠的现象将被忽视，而这一现象是规模效应产生的根本原因。因此，本书采用更大边界的旅游总收入和旅游总人数来分析旅游业生态效率的规模驱动效应。

结构驱动效应主要通过星级饭店收入占比（HS）来衡量。结构驱动效应主要是考虑旅游业生态经济系统内部核心经济主体的比例关系。从旅游业发展的一般规律来看，旅游业发展过程中不同阶段内部核心经济主体的比例关系会发生变化。在不同的发展阶段，不同的核心主体的比例结构对旅游业生态经济系统也可能会产生不同的影响。因此，采用星级饭店收入占总收入的比重来表示旅游业生态经济系统的核心主体的比例结构，以分析旅游业生态效率的结果驱动效应。

资本驱动效应主要通过单位旅游业收入资本投入量（RI）来衡量。对于同是经济系统的旅游系统来说，资本投入对旅游业经济投入产出效率的影响显而易见，但对生态经济系统来说，资本是否依然具有一定的驱动效应，是否资本投入越高对旅游业生态效率提升越具有积极作用需要进一步验证，本书主要采用单位收入的固定资本原值来衡量资本投入的资本驱动效应。

技术驱动效应主要通过单位旅游业收入能源投入量（EI）和单位旅游业收入生活用水量（WI）两个指标进行衡量，技术驱动效应要充分考虑旅游业生态经济系统运行中的生态环境保护等技术水平，能源的投入一方面能够综合反映单位资本的能源技术效率水平，另一方面也能够间接反映单位资本的碳排放效率水平。单位资本的生活用水量能够反映旅游业作为非惯常的经济行为，以及对生态资源使用的技术效率。

上述六个指标代表四个驱动效应，用来解释对因变量生态效率（*TE*）空间分异的影响。同时，根据环境库兹涅茨曲线理论（Grossman and Krueger，1991），随着社会收入的增加，生态环境将恶化，经济发展到较高水平时会有所改善。为了找到旅游经济发展与生态效率之间的关系，旅游总收入的二次项被纳入 Tobit 模型（Chen et al.，2017）。旅游业收入以 1997 年为基期，通过各省份居民消费价格指数进行不变价处理。为避免数据量纲不同对参数估计造成的非平稳性问题，对相关变量取自然对数，以保留面板数据特征。驱动因素变量描述统计特征如表 3-6 所示。

表 3-6　驱动因素变量描述统计特征

变量	平均值	标准差	最小值	最大值
TE	0.7608	0.2601	0.2148	1.0000
lnTI	5.9725	1.6834	-1.4209	9.0772
lnTI^2	11.9451	3.3668	-2.8418	18.1543
lnTP	8.7386	1.3833	3.0163	11.1704
HS	0.4781	0.1643	0.0338	0.9412
lnRI	0.5666	0.4877	-1.9690	2.3994
lnEI	-1.2807	0.6681	-3.2834	2.1181
lnWI	2.6048	0.6730	-0.5572	4.4247

面板 Tobit 模型表达式如下：

模型一：

$$TE_{it} = \alpha_0 + \alpha_1 lnTI_{it} + \alpha_2 lnTP_{it} + \alpha_3 HS_{it} + \alpha_4 lnRI + \alpha_5 lnEI + \alpha_5 lnWI + \varepsilon_{it}$$

$$(3-9)$$

模型二：

$$TE_{it} = \beta_0 + \beta_1 lnTI_{it}^2 + \beta_2 lnTP_{it} + \beta_3 HS_{it} + \beta_4 lnRI + \beta_5 lnEI + \beta_6 lnWI + \varepsilon_{it}$$

$$(3-10)$$

回归结果如表 3-7 所示。

表 3-7　区域旅游业生态效率内部驱动因素 Tobit 回归结果

变量	模型一		模型二	
TE	Coef.	z	Coef.	z
$lnTI$	−0.0057	−0.22	—	—
$lnTI^2$			−0.0014	−0.47
$lnTP$	−0.0658	−1.90*	−0.0544	−1.26
HS	0.0459	0.39	0.0405	0.34
$lnRI$	−0.1139	−2.72***	−0.1152	−2.75***
$lnEI$	−0.3178	−7.92***	−0.3183	−7.95***
$lnWI$	−0.1680	−4.95***	−0.1682	−4.96***
_cons	1.6420	7.21***	1.5638	5.30***
Log likelihood	−228.4672		−228.3818	

注：*、***分别表示在 0.1、0.01 水平上显著。

通过回归结果发现：

第一，旅游总收入及其二次项均没有通过显著性检验，表明旅游总收入及其二次项对旅游业生态效率的规模驱动效应不明显。但通过系数可以发现，旅游总收入与旅游业生态效率之间关系呈现倒"U"形曲线，这与环境库兹涅茨理论不相符，根据以往的区域生态效率研究，区域经济社会发展中的生态效率水平一般与经济规模呈现典型的"U"形曲线，符合环境库兹涅茨理论。但本书对旅游业生态效率的分析结果不同于一般区域生态效率的分析。这也说明旅游业不同于经济社会运行一般规律的特殊性。倒"U"形曲线表明，旅游业生态效率水平随着旅游收入的增加而增加，发展到一定程度后则随着旅游收入的增加而减少。这与 Lenzen 等（2018）研究中随着富裕程度的增加，旅游碳排放增加，以及旅游碳排放增加速度快于旅游经济增长速度的结论相一致。这解释了西藏、青海、宁夏等经济欠发达省份生态效率水平却很高的原因，也进一步解释了在旅游业飞速发展的 1997~2016

年，生态效率却呈现下降趋势的原因。这一关系也预示着旅游业对生态环境的影响会随着旅游业今后进一步的发展而逐步增大，旅游业绿色发展模式亟待探索。但并不显著的计量关系也说明，我国区域旅游业发展规律不一，导致旅游业与生态环境的关系不确定的因素较多，旅游业发展规律复杂，应根据旅游业发展的不同阶段探索旅游业绿色发展模式。

第二，旅游总人数是反映规模驱动效应的另一指标，通过两个模型回归结果发现，旅游总人数与旅游业生态效率之间的关系呈显著的负相关性，根据模型一，旅游总人数每增加1%，旅游业生态效率水平下降0.066%。这也进一步验证了旅游业规模发展对生态效率水平的负面影响。

第三，代表结构驱动效应的星级饭店收入占比对旅游业生态效率的影响不显著。说明星级饭店的绿色节能措施与相关政策的推行与实施对旅游业生态效率提升尚未发挥作用，星级饭店的绿色发展技术应进一步挖掘，探索新型清洁能源的使用，充分利用数据信息等技术，不断优化星级饭店业对旅游业生态效率提升的积极作用。

第四，代表资本驱动效应的单位旅游业收入资本投入量对旅游业生态效率的影响是显著的负相关，且资本每增加1%的投入，会导致旅游业生态效率下降0.114%，影响大于旅游总人数。这说明，目前旅游业资本投入对旅游业生态经济系统的运行并没有起到积极的作用，换言之，旅游投资没有实现对旅游可持续发展的引导作用，投资结构急需优化，改变旅游投资对旅游业生态效率的负面作用，提高旅游绿色金融服务水平是旅游业可持续发展的重点。

第五，代表技术驱动效应的单位旅游业收入能源投入量与单位旅游业收入生活用水量均为负向指标，能耗和用水量越大，技术指标值越大，即指标值越低代表技术水平越高。通过回归模型，两个指标均与旅游业生态效率呈现明显的负相关性，即生态环境保护水平越高越有利于旅游业生态效率的提升。可见，随着技术水平的提高，未来应加大节能减排技术在旅游业产品与服务中的研发与引进，扩大技术研发对旅游业生态效率的积极影响。

综上，通过面板 Tobit 分析，旅游业生态效率的驱动因素可以分为正向驱动的技术效应和负向驱动的规模效应与资本效应。可见内部驱动因素仍主要通过技术水平的改进实现。对于资本效应和规模效应的负向影响，要通过技术驱动进行消减。

3.5.2 基于地理探测器模型的外部影响因素分析

旅游业生态效率的影响主要是旅游业生态经济系统外部对生态经济系统的影响和干扰，一般情况下，可以从与旅游业生态经济系统密切相关的经济社会环境进行分析，主要包括经济发展水平、产业结构优化程度、城镇化水平、自然资源水平、低碳生产水平、环保水平、对外开放程度、科技发展水平、社会文明程度、交通条件等方面。

经济发展水平主要用人均 GDP（元）表示，产业结构优化程度主要用第三产业比重（%）表示，城镇化水平用城市人口比重（%）表示，自然资源水平用人均水资源量（吨）表示，低碳生产水平用单位 GDP 能耗表示，环保水平用单位 GDP 二氧化硫排放表示；社会文明程度用普通高等学校在校生数（万人）表示，交通条件用公路里程（万千米）表示，对外开放程度用外商投资企业年末总额（百万美元）表示，科技发展水平用人均邮电业务总量（元）表示。人均 GDP、单位 GDP 能耗、单位 GDP 二氧化硫排放、人均邮电业务总量以 1997 年为基期，通过各省份居民消费价格指数进行不变价处理。

对区域旅游业生态效率水平格点化处理，使用自然断裂点法对指标因子进行类型转化（王劲峰、徐成东，2017；王少剑等，2016），将上述 10 个指标因子每年分为 10 类。进一步通过地理探测器对区域旅游业外部影响因素的影响系数进行测算，结果如表 3-8 所示。

表3-8 旅游业生态效率外部影响因素地理探测器 q 统计结果

年份	人均GDP	第三产业比重	城市人口比重	人均水资源量	单位GDP能耗	单位GDP二氧化碳排放	普通高等学校在校生数	公路里程	外商投资企业年末总额	人均邮电业务总量
1997	0.5437	0.6236	0.4169	0.3364	0.5282	0.3378	0.4349	0.6286	0.5110	0.5697
1998	0.5532	0.5329	0.6115	0.4469	0.4071	0.4860	0.6404	0.7393	0.6041	0.3745
1999	0.6300	0.4560	0.3495	0.4209	0.3245	0.3425	0.4375	0.6731	0.1003	0.4543
2000	0.3754	0.5275	0.4294	0.3237	0.5995	0.5227	0.7649	0.6381	0.2206	0.3527
2001	0.5227	0.5574	0.5050	0.4088	0.6853	0.4012	0.6766	0.5507	0.2663	0.2912
2002	0.3689	0.3674	0.4059	0.4250	0.2658	0.5111	0.4511	0.2834	0.1464	0.5130
2003	0.2420	0.5369	0.3039	0.6622	0.2276	0.5804	0.3236	0.3474	0.6704	0.4575
2004	0.6878	0.4338	0.4725	0.5723	0.1643	0.6156	0.4407	0.4479	0.6785	0.5576
2005	0.6834	0.2922	0.3228	0.4687	0.3014	0.6448	0.4833	0.7927	0.7792	0.5817
2006	0.5354	0.4564	0.2970	0.5926	0.5927	0.4978	0.4746	0.6973	0.5154	0.5834
2007	0.6153	0.4340	0.5037	0.4729	0.4162	0.5428	0.3931	0.7533	0.4965	0.5804
2008	0.5691	0.4927	0.3193	0.4459	0.6775	0.6936	0.4875	0.6446	0.3901	0.4363
2009	0.3286	0.4211	0.5340	0.3516	0.4531	0.5101	0.3471	0.5661	0.5855	0.4794
2010	0.2773	0.5680	0.4084	0.6333	0.7648	0.3431	0.7127	0.6108	0.7332	0.4769
2011	0.3765	0.5470	0.5397	0.4597	0.6303	0.3367	0.4930	0.7049	0.4689	0.6095
2012	0.4046	0.5234	0.6731	0.4220	0.5837	0.2994	0.5727	0.8424	0.4373	0.3220
2013	0.3317	0.4481	0.5874	0.5662	0.3562	0.4478	0.7946	0.7452	0.7262	0.1985
2014	0.4196	0.6371	0.5509	0.5141	0.3721	0.4952	0.7660	0.7663	0.2587	0.2032
2015	0.2796	0.6249	0.5759	0.5907	0.4661	0.5179	0.7548	0.7644	0.3619	0.4830
2016	0.3753	0.5750	0.6028	0.5970	0.3061	0.4836	0.7516	0.7771	0.2096	0.8604
平均值	0.4560	0.5028	0.4705	0.4856	0.4561	0.4805	0.5600	0.6487	0.4580	0.4692

地理探测器分析结果表明：

第一，从总体平均贡献水平来看，公路里程、普通高等学校在校生数、第三产业比重对旅游业生态效率影响的地理探测器 q 统计量较高，分别为 0.6487、0.5600、0.5028，说明上述三个变量代表的交通条件、社会文明程度与产业结构优化程度是影响旅游业生态效率的三个主要外部因素。

第二，从各个因素的影响来看，经济发展水平指标的影响在 2004 年达到最大，总体呈现下降趋势。产业结构优化程度指标的影响呈"U"形，产业结构优化对旅游业生态效率的影响总体表现为积极作用。城镇化水平对旅游业生态效率的积极作用呈现一定的增加的趋势。自然资源水平对旅游业生态效率影响不明显，但总体有一定的增加趋势。低碳生产水平对旅游业生态效率的影响于 2010 年达到峰值（0.7648），整体呈现波动状态，环保水平的影响也呈现波动状态，在 2008 年达到峰值（0.6936）。社会文明程度与交通条件对旅游业生态效率的积极作用均呈现明显的增长趋势。对外开放程度的影响不显著，呈波动状态，在 2005 年达到峰值（0.7792）。科技发展水平对旅游业生态效率的影响不显著，呈波动状态，但在 2016 年达到峰值（0.8604）。

第三，总体来说，交通条件和社会文明程度是旅游业生态效率提升的主要影响因素；产业结构优化程度近年来对旅游业生态效率影响显著增大；经济发展水平对旅游业生态效率的提升作用不明显，但依然具有重要影响；科技发展水平对旅游业生态效率的提升作用的潜力较大，城镇化水平对旅游业生态效率的提升作用也具有较大潜力。其他外部影响因素对旅游业生态效率的影响不显著。未来应重点促进旅游业与主要影响因素的互动，提升旅游业对主要影响因素的综合利用水平，进一步促进旅游业生态经济系统的可持续运行与发展。

3.6 本章小结

　　本章从宏观区域角度分析了全国 31 个省份(不含港澳台)1997~2016 年的旅游业生态效率,并系统地分析了全国区域旅游业生态效率的空间分布、空间热点以及空间重心,通过空间自相关分析了旅游业生态效率的空间集聚特征,最后进行了旅游业生态效率的内部驱动因素与外部影响因素分析,研究发现:

　　第一,1997~2016 年全国 31 个省份(不含港澳台)的旅游业生态效率水平整体呈现下降趋势,高速发展的旅游业并未弥补对生态环境带来的影响。旅游业生态效率与旅游经济发展之间的关系呈现倒"U"形,表现出随着旅游收入的增加先升高后下降的发展态势。目前,旅游业处于随着收入升高生态效率有下降趋势的粗放高速发展阶段。

　　第二,旅游业生态效率较高的省份位于生态环境本底较好的西南地区与经济发展水平较高的东南沿海地区。重心呈现由西南向东北方向震荡移动的态势,东北地区与华北沿海地区旅游业生态效率的提高对全国格局具有较大的影响。

　　第三,全国旅游业生态效率出现一定的均衡发展的趋势。曾经具有明显优势的省份,在旅游业生态经济系统运行中的表现逐渐趋于平庸化。高效率地区没有空间溢出效应,河北、内蒙古等低效率省份对周边具有一定溢出效应。

　　第四,技术是区域旅游业生态效率的核心驱动因素。单位旅游业收入能源投入量代表的技术效应是区域旅游业生态效率的主要驱动因素,而公路里程代表的交通条件与普通高等学校在校生数代表的社会文明程度是主要的外部影响因素。

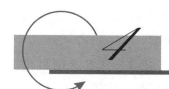

甘肃省旅游行业部门生态
效率及其驱动因素分析

在全国区域旅游业生态效率分析中发现，旅游业生态效率与收入之间可能存在倒"U"形关系，即随着收入的不断增加，旅游业生态效率可能会下降，为了进一步分析上述关系，本章以中国1997~2016年旅游业总收入增长最快的甘肃省为研究对象，研究甘肃省星级饭店、旅行社、旅游景区三大旅游业核心部门1997~2016年的生态效率，本部分实证分析包括多环境投入产出指标生态效率分析与碳排放单一环境指标生态效率分析两部分，考虑碳排放可以反映旅游业发展对全球气候变化的影响情况，碳排放也能够反映旅游业对能源的消耗情况，能源消耗也能间接地反映废水、二氧化硫、废弃物等环境污染情况。区别于宏观尺度的旅游业生态效率研究，通过与多生态环境投入产出指标进行对比，能够更深入地衡量单一旅游环境影响因素的效率变化规律，为政策制定提供更精准的决策依据与有力支撑。

4.1 研究思路与方法

4.1.1 研究思路

甘肃省的边缘过渡性地理位置决定了其自然景观和人文环境的复

杂多样性，奠定了甘肃省旅游资源和旅游产品丰富多彩的客观基础，具有发展旅游产业的突出优势（董锁成等，2007）。在 1997~2016 年全国区域旅游业发展中，甘肃省旅游平均总收入增长速度全国最快，如图 4-1 所示。但同时，甘肃省生态环境的脆弱性决定了其经济发展必须走绿色可持续发展道路。

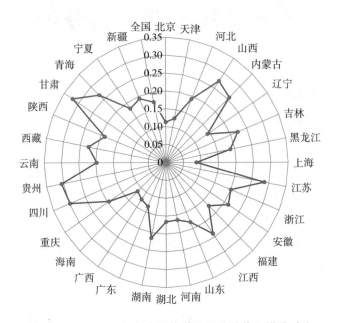

图 4-1　1997~2016 年全国旅游业平均总收入增速对比

　　本部分实证分析以中观旅游业生态经济系统为基础，构建中观尺度旅游业生态评价指标体系，以星级饭店、旅行社、旅游景区三个核心旅游部门为研究对象（见图 4-2）。生态效率分析分别从多环境指标与单一环境指标两个角度出发，多环境指标主要选取能源、水资源作为生态环境的投入指标，二氧化硫、废水、生活垃圾、碳排放作为生态环境的非期望产出指标，通过旅游剥离系数法实现相关数据的处理。单一指标主要选取碳排放，该指标通过投入产出分析计算碳排放，计算考虑间接投入产出关系后的包括间接碳排放的完全碳排放水平。在结合旅游经济系统的劳动力、资本与收入等投入产出指标后，测算1997~2016年多环境指标以及基于直接碳排放和完全碳排放的旅游部门生态效率水平。通过对各部门各种生态效率水平的测算，对比分析各部门各种生态效率在时序上的发展规律，并进一步构建时间序列分析模型，识别旅游部门各生态效率的驱动因素与影响因素，以进一步探求旅游部门生态效率的驱动机制。

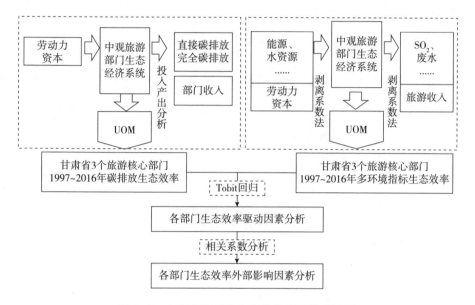

图4-2 中观旅游部门生态效率研究技术路线

4.1.2 研究方法

4.1.2.1 旅游部门直接碳排放计算

旅游部门直接碳排放主要根据旅游能源消耗水平进行测算：

（1）星级饭店直接碳排放计算

（星级饭店收入×批发零售住宿餐饮业能源总量）÷（批发零售住宿餐饮业增加值×碳排放系数）

（2）旅行社直接碳排放计算

（旅行社收入×其他行业能源总量）÷（其他行业增加值×碳排放系数）

（3）旅游景区直接碳排放计算

（旅游景区收入×其他行业能源总量）÷（其他行业增加值×碳排放系数）

4.1.2.2　旅游部门在投入产出表中的剥离

根据甘肃省 1997 年、2002 年、2007 年、2012 年区域间投入产出（见表 4-1）。具体而言，投入产出表包括 n 个生产部门，f_r^i 表示部门 i 的最终使用，X_r^i 表示部门 i 的总产出，l_r^j 表示部门 j 的增加值，Y_r^j 表示部门 j 的总投入。

表 4-1　区域间投入产出

项目	产业部门	中间使用					最终使用	总产出
		S1	…	Sj	…	Sn		
中间投入	S1	z_r^{11}	…	z_r^{1j}	…	z_r^{1n}	f_r^1	X_r^1
	⋮	⋮		⋮		⋮	…	…
	Si	z_r^{i1}	…	z_r^{ij}	…	z_r^{in}	f_r^i	X_r^i
	⋮	⋮		⋮		⋮	…	…
	Sn	z_r^{n1}	…	z_r^{nj}	…	z_r^{nn}	f_r^n	X_r^n
增加值		l_r^1	…	l_r^j	…	l_r^n		
总投入		Y_r^1	…	Y_r^j	…	Y_r^n		

考虑到投入产出表所反映的产业之间的关联，为避免重复计算，对相对独立直接为游客提供产品和服务的星级饭店、旅行社、旅游景区价值量进行核算（Xia et al.，2018）。研究时段内投入产出表中的星级饭店、旅行社与旅游景区分属于不同的行业，因此，采用剥离系数

法，依据上述三个核心部门营业收入占其所属部分的增加值的比重，分别计算三个旅游部门对其他各部门的投入与总产出和总投入，如旅行社计算公式为：

$$z_r^{aj} = z_r^{aij} \frac{l_r^a}{l_r^{ai}} \qquad (4-1)$$

式中：z_r^{aj} 为 r 区域旅行社向部门 j 的中间投入；z_r^{aij} 为所属部门向部门 j 的中间投入；l_r^a 为旅行社的营业收入；l_r^{ai} 为旅行社所属部门的增加值。

4.1.2.3 投入产出表的部门合并

由于投入产出表的数据每五年才制定一套，为了获得连续的数据，根据完全碳排放计算，需要对应国家统计局对行业增加值统计的分类，对现有投入产出表进行合并。将 1997 年和 2002 年甘肃省投入产出表合并为农业、工业、建筑业、交通运输仓储邮政业、批发零售餐饮业、房地产业、金融业、星级饭店、旅行社、旅游景区、其他行业 11 个部门；将 2007 年和 2012 年甘肃省投入产出表合并为农业、工业、建筑业、交通运输仓储邮政业、批发零售业、住宿餐饮业、房地产业、金融业、星级饭店、旅行社、旅游景区、其他行业 12 个部门；将各年度星级饭店、旅行社和旅游景区营业收入作为 3 个部门的增加值，从上述各部门中剥离，得到 1997~2016 年 11 个部门或 12 个部门的增加值数据。

4.1.2.4 基于投入产出表的旅游部门完全碳排放计算

根据投入产出表可以得到经济总量与最终使用量之间的关系：

$$X = (I-A)^{-1}Y \qquad (4-2)$$

式中：X 为所有行业总产出矩阵；Y 为所有行业最终使用矩阵；A 为所有行业的直接消耗系数矩阵；$(I-A)^{-1}$ 为列昂惕夫逆矩阵。

用 L 表示所有行业增加值矩阵替换 Y，将列昂惕夫逆矩阵进行转置，则等式右边所表达的即为生产某产品的全部投入。

$$X_t = \left[(I-A)^{-1} \right]^T L \qquad (4-3)$$

若 L 为某一年的所有行业增加值矩阵，则 X_t 为 $1 \times n'$ 的矩阵，n' 表示剥离合并后的部门数量，1997 年和 2002 年为 11 个部门，2007 年和 2012 年为 12 个部门，星级饭店、旅行社和旅游景区分属其中一个部门。

通过已有能耗数据，可以计算各区域的分行业能耗系数，即单位产值所消耗的能源，星级饭店能耗系数根据批发零售住宿餐饮业能耗系数获得，旅行社和景区根据其他部门的能耗系数算得。能耗系数计算以其他部门为例，某一地区用 η_r 表示。具体根据某一地区能源平衡表中的其他部门对不同能源消耗水平及不同能源的折标系数计算其他部门能源总耗，根据其他部门的总产值算得单位总产值的能耗水平。

$$\eta_r = \frac{\sum_{k=1}^{l} \delta_k \cdot EC_r^t}{Y_r^t} \qquad (4-4)$$

式中：δ_k 为 k 种能源的标准煤折算系数；EC_r^t 为 r 区域其他部门 k 种能源消耗量；Y_r^t 为其他部门的总产出。

用 μ 表示单位标准煤碳排放系数，根据 IPCC 国际标准获得。根据 η_r，μ 可进一步得到某旅游部门的完全碳排放 CT_e。

$$CT_e = \mu \cdot \eta_r \cdot \left[(I-A)^{-1} \right]^T L \qquad (4-5)$$

4.1.2.5 甘肃省旅游业各部门生态效率评价

通过构建包含非期望产出的模型（UOM），测算旅游各部门生态效率，以各部门 1997~2016 年中的每年作为决策单元，进行相对效率分析，各时间单元分别包括投入、期望产出和非期望产出三个向量。基于规模报酬可变的 UOM 参考第 3 章式 (3-1)。

4.1.2.6 甘肃省旅游业各部门生态效率影响因素的相关分析

本部分生态效率外部影响因素通过相关分析获得。计算公式如下：

$$r = \frac{\sum_{i=1}^{n} (x_i - \bar{x})(y_i - \bar{y})}{\sqrt{\sum_{i=1}^{n} (x_i - \bar{x})^2 \sum_{i=1}^{n} (y_i - \bar{y})^2}} \qquad (4-6)$$

式中：r 为相关系数；x，y 为分析的两个变量；n 为变量样本量。$r > 0$ 时，表明变量之间存在正向相关关系；$r < 0$ 时，表明变量之间存在负相关关系。$|r| \geq 0.8$ 时，为高度相关；$0.8 > |r| \geq 0.5$ 时，为中度相关；$0.5 > |r| \geq 0.3$ 时，为低度相关；$|r| < 0.3$ 时，说明变量之间的相关性可忽略，视为不相关。

4.1.3　研究数据

本部分生态效率投入产出指标主要是传统的经济投入产出指标，即从业人员数、固定资产原值、营业收入，另外增加生态环境指标数据。能源投入分别通过各地区能源平衡表中批发零售住宿餐饮业的单位 GDP 标准煤消耗与其他行业的单位 GDP 标准煤消耗计算星级饭店、旅行社以及旅游景区的能源消耗水平；水资源投入主要通过各地区人均生活用水量与当地星级饭店、旅行社与旅游景区接待游客量相乘进行计算；废水排放和二氧化硫排放与水资源投入计算方法相同，均通过当地人均水平，再根据当地星级饭店、旅行社与旅游景区接待游客情况进行测算；直接碳排放和完全碳排放依据上述公式进行计算。基于多环境指标以及直接碳排放和完全碳排放分别计算甘肃省旅游业各部门多环境指标生态效率以及直接碳排放下的生态效率和完全碳排放下的生态效率。传统投入产出指标数据主要来源于《中国旅游统计年鉴(副本)》，直接碳排放数据计算中的能源数据主要来自《甘肃发展年鉴》中的能源平衡表(标准量)，完全碳排放数据计算中的投入产出数据主要来源于《甘肃发展年鉴》1997 年、2002 年、2007 年、2012 年的投入产出指标(见表 4-2 和表 4-3)。上述固定资产投入与营业收入均以 1997 年为基期，通过甘肃省居民消费价格指数进行不变价处理。

表 4-2　甘肃省基于碳排放的旅游部门生态效率评价投入产出指标

指标名称		数据来源	单位
投入指标	从业人员数	《中国旅游统计年鉴(副本)》	人
	固定资产原值	《中国旅游统计年鉴(副本)》	万元
产出指标	营业收入	《中国旅游统计年鉴(副本)》	万元
非期望产出指标	直接碳排放/完全碳排放	计算	万吨

表 4-3　甘肃省多环境指标旅游部门生态效率评价指标体系

指标名称		数据来源	单位
投入指标	从业人员数	《中国旅游统计年鉴(副本)》	人
	固定资产原值	《中国旅游统计年鉴(副本)》	万元
	能源投入	计算	万吨标准煤
	水资源投入	计算	万吨
产出指标	营业收入	《中国旅游统计年鉴(副本)》	万元
非期望产出指标	废水排放	计算	万吨
	垃圾排放	计算	万吨
	二氧化硫排放	计算	吨
	旅游业碳排放	计算	万吨

注：上述指标详细计算公式参见表 3-1。

4.2　甘肃省旅游行业部门碳排放演变轨迹分析

4.2.1　星级饭店直接碳排放与完全碳排放

从甘肃星级饭店直接碳排放与完全碳排放 1997～2016 年数据

（见图4-3）可以看出，甘肃省星级饭店直接碳排放平稳，从1.02万吨增长到3.95万吨，年均增长7.4%，直接碳排放年均2.55万吨。完全碳排放呈现明显的增长态势，从2.33万吨增长到15.11万吨，增长了5倍多，且年均增长率达10.3%。这说明星级饭店最终产品的碳排放水平虽增加不多，但中间投入产出部分增加明显，间接能耗增加，使星级饭店在产品和服务的生产过程中碳排放逐步增加，说明星级饭店的生产活动与其他产业关联性较强，碳排放的增加主要来自中间生产环节。

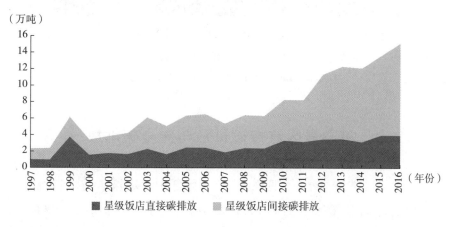

图4-3　1997~2016年甘肃省星级饭店碳排放

4.2.2　旅行社直接碳排放与完全碳排放

相较于星级饭店，旅行社直接碳排放与完全碳排放（见图4-4）差距不大，2008年以后直接碳排放与完全碳排放均呈现波动增长态势。直接碳排放从1997年的0.4万吨增长到2016年的1.99万吨，年均增长8.8%，高于星级饭店的直接碳排放的年均增长率；完全碳排放从1997年的0.91万吨增长到2016年的3.8万吨，年均增长7.8%，增长速度低于直接碳排放，也远低于星级饭店完全碳排放的年均增长率。旅行社虽然碳排放水平有所增加，但中间生产环节对环境影响逐年下降，这说明旅行社碳排放更多来自最终产品的生产。

（万吨）

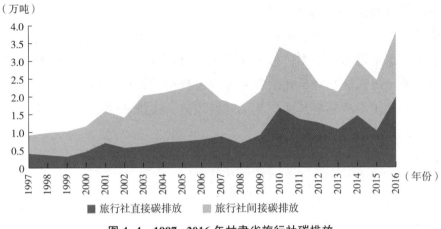

图4-4　1997~2016年甘肃省旅行社碳排放

4.2.3　旅游景区直接碳排放与完全碳排放

旅游景区碳排放水平（见图4-5）总体低于星级饭店与旅行社，但增长速度远高于星级饭店与旅行社。从时间演变上看，在2008年、2009年达到一个高峰，2015年后又呈现快速增长态势，这与高铁经济刺激下高铁经济带上的景区飞速增长有关。也说明旅游景区碳排放水平与外界刺激和旅游规模关系较星级饭店和旅行社更为密切。总体来看，旅游景区直接碳排放从1997年的0.12万吨增长至2016年的1.17万吨，年均增长12.7%；旅游景区完全碳排放从1997年的0.28万吨增长至2016年的1.94万吨，年均增长10.7%。旅游景区直接碳排放与完全碳排放增长水平均高于星级饭店与旅行社，其中直接碳排放增长速度迅猛。这也说明旅游景区目前提供给旅游者的最终产品和服务相对粗放，中间生产的碳排放也在增加，低碳旅游水平较低，不利于旅游景区相关产业可持续发展及不利于周边地区的生态环境保护。

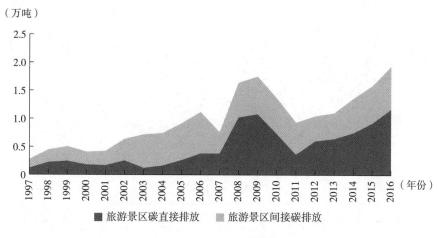

（万吨）

■ 旅游景区碳直接排放　　▨ 旅游景区间接碳排放

图 4-5　1997~2016 年甘肃省旅游景区碳排放

4.3　各部门生态效率演变轨迹分析

4.3.1　星级饭店生态效率演变轨迹与特征

其一，如图 4-6 所示，从时间序列上看，星级饭店完全生态效率呈明显的"U"形发展态势，其他生态效率均较为波动，但都于 2003 年与 2009 年处于凹陷处。完全碳排放下的生态效率在此期间表现出明显的低效率发展状态，多环境指标下的星级饭店生态效率在 2007 年有所回缓，之后处于波动上升状态。星级饭店各生态效率在 2012 年均达到最佳前沿面，这也说明 2012 年是星级饭店生态经济系统运行得最好也最为平衡的一年，多环境与单一碳排放指标的生态效率均为最佳状态。

其二，多环境因素下的星级饭店生态效率水平略高于总体旅游业生态效率水平，也略高于直接和完全碳排放生态效率。这说明在多环

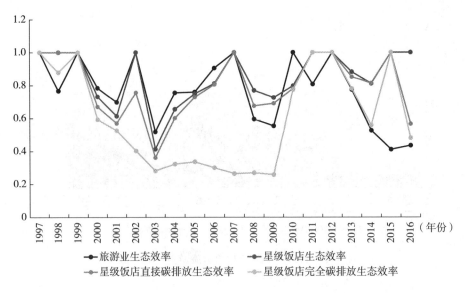

图 4-6　1997~2016 年星级饭店生态效率演变

境因素下，星级饭店生态经济系统更为协调均衡，并且优于其他部门的生态经济系统的发展。多环境因素下星级饭店生态效率较为波动，说明多环境因素下星级饭店生态经济系统更容易受到外界系统的影响，运行不够平稳。

其三，受直接和间接碳排放影响，星级饭店直接碳排放生态效率高于完全碳排放生态效率，并从 2010 年开始两个生态效率趋于一致，这不同于持续增高的完全碳排放曲线，从整个星级饭店生态经济系统来看，完全碳排放的明显增加没有对星级饭店的生态经济系统运行产生过多的影响，也说明从单一碳排放指标来看，星级饭店的经济贡献能够在很大程度上弥补对生态经济系统的环境影响，星级饭店的生态经济系统发展相对均衡协调。

4.3.2　旅行社生态效率演变轨迹与特征

其一，如图 4-7 所示，从时间序列上看，旅行社各生态效率波动更为明显，完全生态效率呈现出"U"形发展特征，2003～2009年处于"U"形的低谷区。直接碳排放和完全碳排放生态效率在2010年出现回缓的波动发展态势，但各生态效率在2011年和2015年均再次落入低谷。旅行社各生态效率也于2012年达到最佳前沿面，但相比星级饭店，旅行社在后期的发展中生态效率更为波动，说明多环境因素和单一环境因素下旅行社生态经济系统运行均不够平稳。

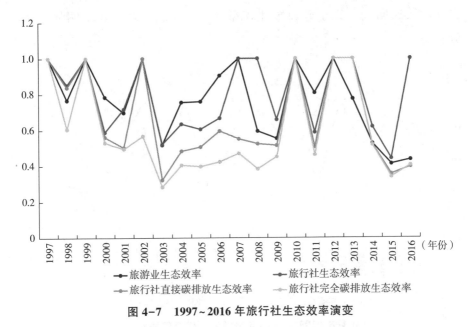

图4-7　1997～2016年旅行社生态效率演变

其二，多环境因素下的旅行社生态效率水平略低于总体旅游业生态效率水平，2009年之前略高于直接与完全碳排放下的生态效率水平。说明多环境因素下的旅行社生态经济系统运行效率没有表现得更优秀，可能低于其他部门的生态经济运行效率。

其三，旅行社直接碳排放生态效率与完全碳排放生态效率演变轨迹相对一致，这与旅行社直接碳排放生态效率年均增长速度较快有关，这也说明在考虑与其他产业的关联时，旅行社生态经济系统表现出更高效率的运行与发展，作为开放型经济的旅行社生态经济系统更有效率。

4.3.3　旅游景区生态效率演变轨迹与特征

其一，如图 4-8 所示，从时间序列上看，旅游景区各生态效率呈现剧烈的波动发展趋势。各生态效率演变轨迹差异较大，直接碳排放与完全碳排放下的旅游景区生态效率在 2007 年后演变轨迹一致，并在此后快速回缓，完全碳排放生态效率在 2008 年以前处于明显的劣势状态。

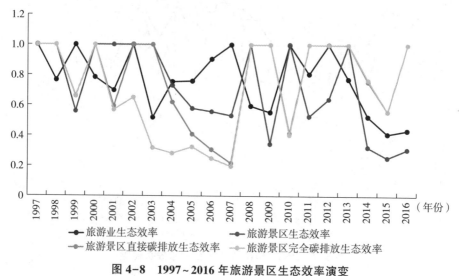

图 4-8　1997~2016 年旅游景区生态效率演变

其二，相比总体旅游业，完全碳排放下的旅游景区生态效率在低谷区呈现出更低水平的运行效率，也说明旅游景区生态经济系统相较其他部门运行低效，对生态环境影响更大。

其三，直接碳排放下的旅游景区生态效率在 2002~2006 年明显高于完全碳排放生态效率，持续增高的直接碳排放带来更高效的生态经济系统，这也说明在考虑与其他产业的关联时，旅游景区与旅行社相类似，其生态经济系统表现出更高效率的运行与发展，作为开放型经济的旅游景区生态经济系统更有效率。

4.3.4 各部门生态效率综合演变轨迹对比分析

如图 4-9 所示，1997 年旅游业及各部门所有生态效率均为最高值；1999 年除了景区，旅游业和其他部门各类生态效率均达到最高

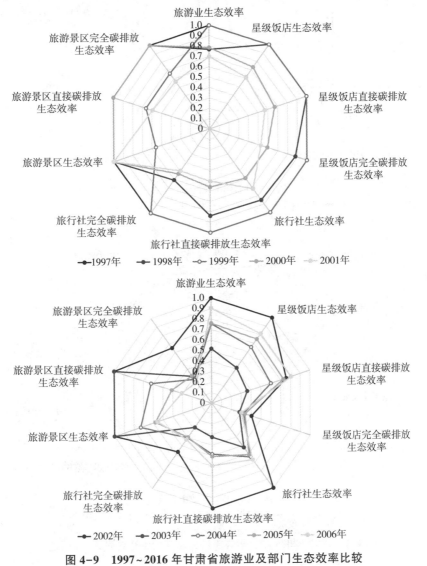

图 4-9 1997~2016 年甘肃省旅游业及部门生态效率比较

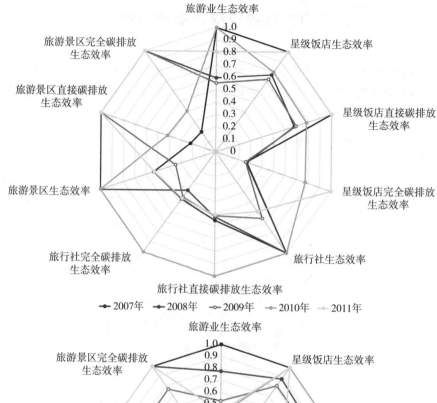

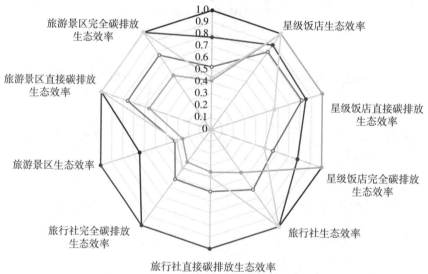

图 4-9　1997~2016 年甘肃省旅游业及部门生态效率比较(续)

水平，2000 年情况刚好相反，只有景区各类生态效率水平达到最优状态，其他各部门生态效率均为相对较低。2001 年旅游景区生态效率水平为最高。2002～2006 年旅游业和各部门各类生态效率均呈现收敛的低效率发展态势，2002 年、2003 年尚有个别生态效率达到最佳值，2004 年以后各部门生态效率均较低，仅有多环境因素下星级饭店生态效率在相对高效率的 0.8 附近徘徊。2007～2011 年星级饭店、旅行社、旅游景区生态效率依次开始回升，2012 年各部门生态效率水平均恢复到较高发展状态。

综合来看，甘肃省旅游业及各部门生态效率演变轨迹基本一致，均呈现一定的"U"形发展态势，并在 2002～2006 年处于明显的低谷期。生态效率在近年开始趋向相对平稳的较高发展水平。多因素下的生态效率水平一般情况下高于单一因素的碳排放生态效率水平，星级饭店生态效率水平整体高于其他部门的生态效率水平。各部门完全碳排放下的生态效率水平在低谷期以前一般低于直接碳排放下的生态效率水平，但低谷期以后发展趋势相对一致，完全碳排放下的生态效率在旅行社表现出更高的生态效率水平。

4.4 甘肃省旅游行业部门生态效率
驱动因素分析

旅游业生态效率驱动因素包括内部驱动因素与外部影响因素两个部分，旅游业各部门的情况也相类似。星级饭店、旅行社与旅游景区作为旅游业的核心部门，都是独立且具有各自运行规律的生态经济系统，但也同样适用于旅游业生态经济系统的一般规律。内部驱动因素直接作用于星级饭店、旅行社与旅游景区生态效率，可以理解为旅游业各部门直接生态效率的驱动因素；外部影响因素是与旅游业各部门生态经济系统运行相关的因素。

本书主要采用时间序列 Tobit 回归模型，综合考虑对区域旅游业生态效率具有直接影响的驱动因素和具有相关性的影响因素，并结合旅游业部门运行的一般规律，分别从各部门总体经济规模效应、结构效应、资本效应、技术效应进行计量回归，探索不同部门的敏感驱动因子，并通过相关分析，进一步分析各部门生态效率外部影响因素，以进一步揭示中观层面旅游业各部门的生态效率驱动机制。

中观旅游业各部门生态经济系统与宏观区域旅游业生态经济系统运行规律相似，系统运行效率的驱动因素可以从规模效应、结构效应、资本效应和技术效应四个方面展开，参考宏观区域旅游业生态效率驱动因素模型，中观层面旅游业规模效应主要通过各部门旅游总收入和旅游接待人数来表达，具体为星级饭店收入（HTI）、旅行社收入（TTI）、旅游景区收入（STI），星级饭店接待人数（HTP）、旅行社接待人数（TTP）、旅游景区接待人数（STP）；结构效应主要通过各部门收入在旅游业收入占比来衡量，具体为星级饭店收入占比（HS）、旅行社收入占比（TS）、旅游景区收入占比（SS）；资本效应主要通过单位旅游业资本收入资本投入量来表达，星级饭店、旅行社、旅游景区分别用 HRI、TRI、SRI 来表示；技术效应主要通过单位旅游业收入能源投入量和单位旅游业收入生活用水量两个指标进行衡量，星级饭店、旅行社、旅游景区分别用 HEI、HWI，TEI、TWI，SEI、SWI 来表示。驱动因素分析分别对各部门多环境要素下的生态效率（HE、TE、SE）和直接碳排放生态效率（HDE、TDE、SDE）、完全碳排放生态效率（HTE、TTE、STE）。为避免变量在不同量纲下所带来的数据问题，并减缓变量的异方差，增强数据的平稳性，对相关数据进行对数处理。对比率数据和小于 1 的数据不进行对数化处理。其中，各部门收入、单位旅游业收入能源投入量、单位旅游业收入生活用水量均以 1997 年为基期，通过甘肃省历年居民消费价格指数进行不变价处理。

4.4.1 星级饭店生态效率与碳排放生态效率驱动因素分析

相关变量对数处理后描述统计如表4-4所示。

表4-4 甘肃省星级饭店生态效率驱动因素相关变量描述统计

变量	平均值	标准差	最小值	最大值
HE	0.8481	0.1684	0.4139	1.0000
HDE	0.7936	0.1882	0.3619	1.0000
HTE	0.6014	0.2972	0.2581	1.0000
HS	0.5755	0.0990	0.3243	0.8449
HEI	0.3139	0.0561	0.2464	0.4089
$lnHTI$	11.5222	0.5330	10.4293	12.1225
$lnHTP$	9.8961	0.5825	8.7744	10.4335
$lnHRI$	1.1084	0.3276	0.0000	1.5056
$lnHWI$	1.6618	0.4023	0.1051	2.0249

分别构建星级饭店生态效率回归模型、直接碳排放生态效率回归模型和完全碳排放生态效率回归模型，具体如下：

模型一：甘肃省星级饭店生态效率回归模型。

$$HE = \alpha_{10} + \alpha_{11}HS + \alpha_{12}HEI + \alpha_{13}lnHTI + \alpha_{14}lnHTP + \alpha_{15}lnHRI + \alpha_{16}lnHWI + \varepsilon$$

$$(4-7)$$

模型二：甘肃省星级饭店直接碳排放生态效率回归模型。

$$HDE = \alpha_{20} + \alpha_{21}HS + \alpha_{22}HEI + \alpha_{23}lnHTI + \alpha_{24}lnHTP + \alpha_{25}lnHRI + \alpha_{26}lnHWI + \varepsilon$$

$$(4-8)$$

模型三：甘肃省星级饭店完全碳排放生态效率回归模型。

$$HTE = \alpha_{30} + \alpha_{31}HS + \alpha_{32}HEI + \alpha_{33}lnHTI + \alpha_{34}lnHTP + \alpha_{35}lnHRI + \alpha_{36}lnHWI + \varepsilon$$

$$(4-9)$$

对上述变量进行 DF-GLS 单位根检验。对没有通过单位根检验的数据进行差分处理，使准备回归的数据更加平稳。处理后的数据使用 Tobit 进行回归，回归结果如表 4-5 所示。

表 4-5　甘肃省星级饭店生态效率驱动因素 Tobit 回归结果

模型一			模型二			模型三		
HE	Coef.	t	HDE	Coef.	t	HTE	Coef.	t
HS	0.1319	0.45	HS	0.6398	2.06 **	HS	0.2625	0.57
HEI	−0.4323	−0.35	HEI	−4.4161	−3.42 ***	HEI	−1.8932	−0.98
lnHTI	2.4464	2.89 **	lnHTI	0.5513	0.69	lnHTI	1.1880	1.00
lnHTP	−2.4195	−3.15 ***	lnHTP	−0.0190	−0.02	lnHTP	−0.3915	−0.34
lnHRI	1.4211	1.52	lnHRI	0.9439	0.97	lnHRI	1.6069	1.10
lnHWI	1.0589	1.87 *	lnHWI	−0.3267	−0.53	lnHWI	−0.6916	−0.76
_cons	0.8863	16.62	_cons	−0.0328	−0.56	_cons	−0.0508	−0.58
Log likelihood	0.1471		Log likelihood	2.8523		Log likelihood	−4.3302	

注：*、**、*** 分别表示在 0.1、0.05、0.01 水平上显著。

从回归结果可以发现：

第一，规模效应对甘肃省星级饭店多环境因素生态效率作用显著，对直接碳排放生态效率与完全碳排放生态效率作用不显著，星级饭店接待人数对星级饭店多环境因素生态效率具有明显的负效应。说明经济增长对甘肃省星级饭店绿色发展具有促进作用，但旅游人数的增加给星级饭店绿色发展带来一定压力，为避免生态效率下降，旅游业经济价值可以通过提高人均消费水平，在星级饭店的经济增长中实现。

第二，结构效应对甘肃省星级饭店直接碳排放生态效率作用较为明显，即星级饭店收入占旅游业收入的比重对星级饭店直接碳排放生态效率具有积极影响。直接碳排放生态效率是不考虑与相关行业中间投入产出关系的生态效率评价，因而结构效应对这一效率的积极影响也说明结构效应可以推进星级饭店自身生态经济系统的优化发展。

第三，资本效应对甘肃省星级饭店各生态效率均没有显著的作用，说明资本对星级饭店绿色发展尚未有影响和贡献，但作为资本密集型行业，星级饭店生态经济系统应充分利用资本效应推进其高效率发展。因此，资本效应应通过优化星级饭店中间投入产出关系，逐步实现对生态效率的提升。

第四，技术驱动效应主要作用于甘肃省星级饭店直接碳排放生态效率，该指标为负向指标，在结果分析中表现为负值，但其现实意义是指标值越低，生态技术水平越高，因此，技术驱动效应积极作用于星级饭店直接生态效率。

综上，通过 Tobit 回归，甘肃省星级饭店生态效率的驱动因素主要包括规模效应、结构效应和技术效应，且均为积极的正向作用。这说明未来可以通过提高旅游收入规模或提高人均消费水平，并且以低碳旅游特色进行宣传与推广，实现星级饭店生态效率的提高。

4.4.2 旅行社生态效率与碳排放生态效率驱动因素分析

相关变量对数处理后描述统计如表 4-6 所示。

表 4-6 甘肃省旅行社生态效率驱动因素相关变量描述统计

变量	平均值	标准差	最小值	最大值
TE	0.7948	0.2051	0.4419	1.0000
TDE	0.6592	0.2500	0.3227	1.0000
TTE	0.5870	0.2556	0.2835	1.0000
TS	0.2691	0.0631	0.0873	0.3545
TEI	0.2310	0.0419	0.1704	0.3016
$lnTTI$	13.3644	0.5396	12.1093	14.1544
$lnTTP$	13.3644	0.5396	12.1093	14.1544
TRI	0.9485	1.2501	0.0680	6.0133
TWI	1.4962	0.3704	0.9137	2.2849

构建模型如下：

模型一：甘肃省旅行社生态效率回归模型。

$$TE = \alpha_{40} + \alpha_{41}TS + \alpha_{42}TEI + \alpha_{43}lnTTI + \alpha_{44}lnTTP + \alpha_{45}TRI + \alpha_{46}TWI + \varepsilon$$

$$(4-10)$$

模型二：甘肃省旅行社直接碳排放生态效率回归模型。

$$TDE = \alpha_{50} + \alpha_{51}TS + \alpha_{52}TEI + \alpha_{53}lnTTI + \alpha_{54}lnTTP + \alpha_{55}TRI + \alpha_{56}TWI + \varepsilon$$

$$(4-11)$$

模型三：甘肃省旅行社完全碳排放生态效率回归模型。

$$TTE = \alpha_{60} + \alpha_{61}TS + \alpha_{62}TEI + \alpha_{63}lnTTI + \alpha_{64}lnTTP + \alpha_{65}TRI + \alpha_{66}TWI + \varepsilon$$

$$(4-12)$$

对上述变量进行 DF-GLS 单位根检验。对没有通过单位根检验的数据进行差分处理，使准备回归的数据更加平稳。处理后的数据使用 Tobit 进行回归，回归结果如表 4-7 所示。

表 4-7　甘肃省旅行社生态效率驱动因素 Tobit 回归结果

模型一			模型二			模型三		
TE	Coef.	t	TDE	Coef.	t	TTE	Coef.	t
TS	-2.8656	-1.81*	TS	-2.8001	-3.04**	TS	-3.6196	-4.50***
TEI	-1.8455	-1.37	TEI	-1.7949	-2.04	TEI	-0.2448	-0.32
lnTTI	0.1825	0.82	lnTTI	0.1422	0.89	lnTTI	0.2279	1.63
lnTTP	-0.0119	-0.02	lnTTP	0.6558	1.44	lnTTP	0.8823	2.21
TRI	0.0498	0.94	TRI	0.0137	0.43	TRI	0.0341	1.24
TWI	-0.3619	-1.28	TWI	-0.1866	-1.00	TWI	-0.2179	-1.34
_cons	0.8749	9.18	_cons	-0.0866	-1.45	_cons	-0.0933	-1.79
Log likelihood	-6.8584		Log likelihood	2.7707		Log likelihood	5.2177	

注：*、**、***分别表示在 0.1、0.05、0.01 水平上显著。

从回归结果可以发现：

第一，规模效应对甘肃省旅行社各生态效率作用不显著。但从回归系数可以看出，旅行社接待人数对多环境因素的生态效率存在负面影响。可见在不同环境因素评价下，旅行社接待人数对旅行社生态效率的影响方向不一，说明旅行社接待人数对旅行社生态环境中碳减排的影响可以通过产品和线路的设计以及消费引导，以提高旅行社的生态效率。总体来看，规模效应有可能成为旅行社生态效率提升的积极驱动因素。

第二，结构效应对甘肃省旅行社各生态效率均具有较为显著的负面作用，即旅行社在旅游业总收入的占比对旅行社生态效率具有负面影响，这一显著的负面影响进一步揭示了旅行社收入的提高也可通过对旅游业结构的改变而导致自身生态效率的下降。总之，结构效应是甘肃省旅行社业生态效率的负面影响因素。

第三，资本效应对甘肃省旅行社各类生态效率均没有显著的作用。但从回归系数来看，资本效应是能减少旅行社生态经济系统中碳排放的有利因素，也是甘肃省旅行社生态效率提升的潜在驱动因素。

第四，技术效应对旅行社各生态效率均没有显著的影响，但从系数来看，单位旅游业收入能源投入量与旅行社各生态效率呈正相关关系，由于该指标为负向指标，因此，说明技术效应在旅行社各生态效率中具有负面影响，也说明低碳旅游在旅行社生态经济系统中被考虑得不多，技术效应尚没有成为旅行社绿色发展的有利驱动因素。

综上，通过 Tobit 回归，甘肃省旅行社生态效率的驱动因素不鲜明，规模效应、资本效应或许可能成为生态效率的潜在驱动因素，未来可以通过提高旅行社在市场中的占有率，通过资本引导提升旅行社在旅游业发展中的地位，进而提高旅行社生态效率。

4.4.3 旅游景区生态效率与碳排放生态效率驱动因素分析

相关变量对数处理后描述如表 4-8 所示。

表 4-8 甘肃省旅游景区生态效率驱动因素相关变量描述统计

变量	平均值	标准差	最小值	最大值
SE	0.7180	0.2845	0.2550	1.0000
SDE	0.7771	0.2777	0.2175	1.0000
STE	0.6993	0.3128	0.1977	1.0000
SS	0.1554	0.0981	0.0536	0.4709
SEI	0.2310	0.0419	0.1704	0.3016
$lnSTI$	10.0833	0.9741	8.6770	12.3838
$lnSTP$	16.3363	1.2287	14.6281	18.3264
SRI	3.2302	2.0131	0.5775	8.1709
$lnSWI$	3.6410	0.7302	2.1924	4.9369

构建模型如下：

模型一：甘肃省旅游景区生态效率回归模型。

$$SE = \alpha_{70} + \alpha_{71}SS + \alpha_{72}SEI + \alpha_{73}lnSTI + \alpha_{74}lnSTP + \alpha_{75}SRI + \alpha_{76}lnSWI + \varepsilon$$

$$(4-13)$$

模型二：甘肃省旅游景区直接碳排放生态效率回归模型。

$$SDE = \alpha_{80} + \alpha_{81}SS + \alpha_{82}SEI + \alpha_{83}lnSTI + \alpha_{84}lnSTP + \alpha_{85}SRI + \alpha_{86}lnSWI + \varepsilon$$

$$(4-14)$$

模型三：甘肃省旅游景区完全碳排放生态效率回归模型。

$$STE = \alpha_{90} + \alpha_{91}SS + \alpha_{92}SEI + \alpha_{93}lnSTI + \alpha_{94}lnSTP + \alpha_{95}SRI + \alpha_{96}lnSWI + \varepsilon$$

$$(4-15)$$

对上述变量进行 DF-GLS 单位根检验。对没有通过单位根检验的数据进行差分处理，使准备回归的数据更加平稳。处理后的数据使用 Tobit 进行回归，回归结果如表 4-9 所示。

表 4-9　甘肃省旅游景区生态效率驱动因素 Tobit 回归结果

模型一			模型二			模型三		
SE	Coef.	t	SDE	Coef.	t	STE	Coef.	t
SS	0.4439	0.96	SS	0.3486	0.69	SS	0.4020	0.90
SEI	0.3257	0.37	SEI	0.5577	0.58	SEI	0.0120	0.01
lnSTI	0.0001	-0.67	lnSTI	0.0001	-0.49	lnSTI	0.0001	-0.61
lnSTP	0.0060	0.10	lnSTP	0.0465	0.75	lnSTP	0.0542	0.99
SRI	-0.0840	-2.96**	SRI	-0.0697	-2.26**	SRI	-0.0646	-2.37**
lnSWI	-0.3759	-0.91	lnSWI	0.2198	0.49	lnSWI	0.2061	0.52
_cons	-0.0973	-0.11	_cons	-0.7865	-0.79	_cons	-0.9117	-1.03
Log likelihood	0.6420		Log likelihood	-0.8536		Log likelihood	1.3225	

注：** 表示在 0.05 水平上显著。

从回归结果可以发现：

第一，规模效应对旅游景区各指标作用不显著，但从 t 检验值上可以看出，旅游景区收入对甘肃省旅游景区直接碳排放生态效率具有一定的负面作用，说明规模效应对旅游景区生态效率在收入上属于负面影响因素，而不是驱动因素。同时，这也进一步揭示了甘肃省旅游景区生态效率随着收入增加而减少的一般规律。

第二，结构效应对甘肃省旅游景区多环境因素生态效率、直接碳排放生态效率与完全碳排放生态效率作用不显著，但从 t 检验值上可以看出，结构效应具有一定积极作用。这一积极驱动因素说明当旅游景区成为旅游业主要收入来源时，旅游景区的生态效率将会提升。结构效应是甘肃省旅游景区生态效率提升的潜在驱动因素。

第三，资本效应对甘肃省旅游景区多环境因素生态效率、直接碳排放生态效率与完全碳排放生态效率具有较为显著的负面作用，说明单位旅游收入的资本投入的增加不利于改善旅游景区生态效率，换言之，旅游景区的资本投入对环境改善的边际效用较低，未来应该注重提升资本投入对环境改善的效率，以改变资本投入对旅游景区生态效率的影响方向。总之，资本效应不是甘肃省旅游景区的驱动因素。

第四，技术效应与甘肃省旅游景区各生态效率没有显著的相关性，但从回归系数来看，能源消耗作为负向指标，旅游景区低碳技术尚没有被挖掘出来，技术效应对旅游景区生态效率提高没有起到积极的作用，目前技术水平还有待进一步提高，应提高技术水平的边际生态环境改善效用，实现技术效应对生态效率的正向驱动。因此，技术效应也没有成为甘肃省旅游景区生态效率的驱动因素。

综上，通过 Tobit 回归，甘肃省旅游景区生态效率的潜在驱动因素主要为结构效应，而其他驱动因素均为反向作用，说明旅游景区规模效应、资本效应、技术效应需要优化改进，以改变对旅游景区生态效率的影响方向。

4.4.4　甘肃省旅游行业部门生态效率影响因素分析

根据宏观区域旅游业外部影响因素分析，一般情况下与旅游业生态经济密切相关的社会环境影响因素包括经济发展水平、产业结构优化程度、城镇化水平、自然资源水平、低碳生产水平、环保水平、社会文明程度、交通条件、对外开放程度、科技发展水平，分别用人均 GDP（元）、第三产业比重（%）、城市人口比重（%）、人均水资源量（吨）、单位 GDP 能耗、单位 GDP 二氧化硫排放、普通高等学校在校生数（万人）、公路里程（万千米）、外商投资企业年末总额

(百万美元)、人均邮电业务总量(元)表示。甘肃省旅游业及各部门各生态效率与上述影响因素均不存在相关性,因此,对在上文中识别的显著相关的驱动因素与影响因素进行相关分析,进一步识别甘肃省旅游业及各部门生态效率的影响因素。相关分析结果如表4-10所示。

表4-10 甘肃省旅游部门生态效率驱动因素相关分析

变量	HS	HEI	HTI	HTP	HWI	TS	SRI
人均 GDP	−0.2725	−0.6821*	0.8816*	0.8707*	0.3818	−0.0781	−0.2910
第三产业比重	0.0393	−0.1437	0.4559*	0.4370	0.2844	0.0211	−0.2796
城市人口比重	−0.3046	−0.7055*	0.8546*	0.9148*	0.4851*	−0.0459	−0.2510
人均水资源量	0.3029	0.2534	−0.1876	−0.2899	−0.2396	0.0397	−0.0720
单位 GDP 能耗	0.3630	0.7796*	−0.8575*	−0.9446*	−0.5328*	0.0315	0.2314
单位 GDP 二氧化硫排放	0.3713	0.7456*	−0.8159*	−0.9207*	−0.5219*	0.0291	0.2118
普通高等学校 在校生数	−0.3688	−0.7857*	0.8760*	0.9559*	0.5010*	−0.0619	−0.2123
公路里程	−0.3769	−0.7544*	0.8621*	0.9090*	0.4281	−0.1227	−0.1441
外商投资企业 年末总额	−0.2855	−0.6517*	0.8873*	0.8441*	0.3385	−0.1386	−0.4174
人均邮电业务 总量	−0.6234*	−0.6929*	0.6476*	0.8427*	0.5085*	−0.2200	−0.0600

注: *表示在0.1水平上显著。

从相关分析结果可以发现:

第一,科技发展水平下的人均邮电业务总量对星级饭店收入占比具有一定的负面作用,可以间接地作用于结构效应对星级饭店生态效率的驱动,但作用方向为负,该结果不符合现实逻辑,故忽略。

第二，由于 *HEI* 为负向指标，因此具有负相关的因素是间接提高星级饭店生态效率的影响因素，包括代表经济发展的人均 GDP，代表城镇化水平的城市人口比重，代表文明程度的普通高等学校在校生数，代表交通条件的公路里程，代表对外开放程度的外商投资企业年末总额以及代表科技发展的人均邮电业务总量，具有正向相关的单位 GDP 能耗与单位 GDP 二氧化硫排放与 *HEI* 正相关，说明降低上述两个指标可以提高星级饭店生态效率，也是主要的影响因素。

第三，作为负向指标 *HWI*，以它为中介，作为主要影响因素的包括代表低碳生产水平的单位 GDP 能耗与代表环保水平的单位 GDP 二氧化硫排放。

第四，通过数据分析，旅行社和旅游景区没有能够起间接作用的影响因素，这也说明旅行社和旅游景区与经济社会发展各部门缺少往来沟通，导致外部环境对旅行社和旅游景区的绿色发展没有显著的积极作用。

综上，经济发展水平、城镇化水平、社会文明程度、交通条件、对外开放程度、科技发展水平、低碳生产水平、环保水平等外部因素可以通过技术效应实现对星级饭店生态效率的影响。

4.5　本章小结

本章在区域旅游业生态效率投入产出指标的基础上，以甘肃省为例，通过投入产出表计算新的环境指标直接与完全碳排放水平。投入产出分析中创新研究方法，弥补了投入产出数据 5 年间隔期的数据缺失，计算了 1997~2016 年连续的碳排放数据，进一步分析了各部门多环境要素以及直接碳排放与完全碳排放下的生态效率水平，并进行了驱动因素与影响因素分析。研究发现：

第一，甘肃省旅游业及各部门生态效率演变轨迹均呈现一定的"U"形发展态势，外部经济的低谷期多出现在2000~2006年。

第二，多环境因素下的生态效率水平多高于单一碳排放生态效率水平。直接碳排放生态效率不一定高于完全碳排放生态效率。相比水资源、二氧化硫、垃圾、废水等生态环境指标，碳排放是旅游业生态经济系统中更为显著的环境影响指标。间接碳排放的增加是由中间生产环节带来的，产业链越长，中间生产环节越多，间接碳排放越多，但生态效率却越高，说明延长产业链更有利于旅游业生态效率的提高。

第三，旅游景区碳排放高于其他部门，生态效率偏低且波动剧烈。景区直接碳排放和完全碳排放均高于星级饭店和旅行社，生态效率的变化轨迹较星级饭店与旅行社更为波动，生态经济系统相较其他部门运行效率偏低，对生态环境影响较大。旅游景区的资本投入对环境改善的边际效用较低，旅游景区生态效率与旅游收入有一定的负向线性关系，即随着旅游景区收入的增加，旅游景区生态效率有可能会下降。因此，旅游景区生态效率的提升不能单纯地增加旅游收入，只有通过提高旅游景区收入在旅游业收入占比才能实现。旅游景区最终生产的碳排放和中间生产的碳排放均高于星级饭店和旅行社，生态效率波动较大，同时，技术是旅游景区的主要驱动因素，因此，未来应通过景区低碳产品和服务的研发与设计，提高景区生态效率。

第四，星级饭店碳排放的增长多来自中间生产环节，但生态效率水平高于其他部门。于2003~2009年处于低谷期，星级饭店的生态经济系统相对均衡协调。规模、结构和技术是甘肃省星级饭店生态效率的主要驱动因素，外部环境主要通过低碳和环保技术的提高实现对星级饭店生态效率的提升。甘肃省星级饭店的发展目前不受资本投入影响，但作为资本密集型产业，应积极推进绿色金融等资本体系建设，实现资本对星级饭店绿色发展的驱动效应。

第五，旅行社生态效率水平呈现波动发展态势。旅行社碳排放更多来自最终生产环节，各生态效率演化均较为波动，外在环境对旅行社生态效率影响较大，在 2003～2009 年处于"U"形的低谷区，当提高与其他产业的关联时，旅行社生态经济系统表现出更高效率的运行与发展水平。未来，可以通过资本引导，提高旅行社接待规模与质量，从而提高旅行社生态效率。

张掖七彩丹霞景区旅游消费生态效率及驱动因素分析

旅游景区是旅游业的核心部门，相比其他部门可以表达旅游业生态经济系统运行的全部要素。在对甘肃省行业部门旅游生态效率驱动因素的分析中发现，随着旅游景区收入的增加，其生态效率会下降，这与宏观区域旅游业发展的一般规律一致。因此，为进一步揭示旅游业生态效率的一般发展规律，以近年来在甘肃发展势头最好的张掖七彩丹霞景区为例，采用实地调研与网络问卷结合的方式，从消费角度出发，分析旅游业微观组织的生态效率水平，并试图构建不同消费水平下的生态效率图谱，分析不同需求群体旅游消费过程中的生态效率水平，寻求不同生态效率水平与不同需求群体的生态效率驱动因素和相关影响因素，以实现对旅游景区生态效率驱动机制的分析。

5.1 景区概况

5.1.1 区位条件分析

张掖七彩丹霞景区区位优势明显。张掖七彩丹霞国家地质公园地处祁连山北麓，位于甘肃省张掖市临泽县城以南30km，是中国丹霞地貌发育较大较好、地貌造型较丰富的地区之一（刘志宏，2016）。

5.1.2　自然资源状况

张掖七彩丹霞地貌与彩色丘陵是地层、构造、外貌与外力共同作用的结果。张掖七彩丹霞地貌和彩色丘陵发育的地层为白垩系中下统碎屑岩地层。张掖七彩丹霞地貌主要由窗棂状宫殿式、柱状式、巷谷式三种景观群组成（张荷生、崔振卿，2007）。

5.1.3　旅游业发展现状

随着我国西部高速铁路线的建设，作为河西走廊的腹地，张掖市旅游业发展速度迅猛。2018 年，张掖市旅游人次达 3178 万，旅游综合收入达 210.7 亿元，较上年分别增长 22.3% 和 33.9%，占甘肃省旅游人次的 10.52%、旅游收入的 10.23%，张掖市旅游收入占全市 GDP 的 51.68%，旅游业成为其经济社会发展的主导产业①。张掖七彩丹霞景区是张掖市旅游业的核心旅游资源，作为甘肃省首个旅游破百万人次的旅游景区，近年来旅游业发展势头鼎盛，2018 年旅游人次达 230 万，张掖七彩丹霞景区成为甘肃省旅游景区的增长极。

5.1.4　景区生态环境风险

在全球气候变化背景下，我国西北地区总体呈暖湿化趋势，河西走廊地区气温趋于上升，降水有所增加。受气温上升影响，祁连山雪线明显上升，西北地区气候的变化对区域水资源危机、沙漠化加剧、绿洲持续发展等带来了复杂的后效影响，产业和城市发展亟须寻求新模式。近年来，景区接待游客量呈井喷式发展，张掖七彩丹霞景区配

---

① 数据来源于 2019 年甘肃省《政府工作报告》与 2019 年张掖市《政府工作报告》。

套服务设施建设不断加强，但服务承载能力仍然有限。张掖七彩丹霞景区由于其特殊的地理位置与自然条件，面临着严峻的生态危机，旅游业发展对生态环境的影响不容忽视。

5.2 研究思路与方法

5.2.1 研究思路

微观旅游业生态效率分析是从消费角度出发的景区生态效率分析，本部分实证分析以微观景区生态经济系统为基础，以旅游消费活动为决策单元，构建微观景区旅游消费活动的生态评价体系，主要选取消费活动中旅游消费劳动力投入、资本投入、能源投入、消费收入以及消费垃圾排放作为景区旅游消费生态效率评价的投入产出指标。通过实地调研与网络调查问卷的方式收集上述有关数据，通过包括非期望产出的模型分析参加调研的 871 位游客的生态效率水平，通过生态效率分组分析不同效率水平的游客特征与驱动因素，通过不同消费水平分组后的生态效率的测度分析在特定消费水平下的游客特征与生态效率驱动因素，以进一步识别微观景区生态效率的驱动机制。

5.2.2 研究方法

5.2.2.1 生态效率分析方法

本部分的生态效率分析采用包含非期望产出的模型，决策单元为填写调查问卷的 871 位游客，各决策单元分别包括投入、期望产出和非期望产出三个向量，基于规模报酬可变的 UOM 表达式详见第 3 章式（3-1）。

5.2.2.2　驱动因素回归分析

驱动因素分析主要通过 Tobit 模型实现。模型详见第 3 章式（3-7）。

5.2.2.3　影响因素相关分析

影响因素分析通过相关系数实现，模型详见第 4 章式（4-6）。

5.2.3　研究数据

5.2.3.1　微观景区生态效率投入产出指标体系

根据旅游者在景区旅游消费活动投入产出情况，设计微观景区投入产出指标。具体如表 5-1 所示。为避免重复计算，环境指标有所精简。

表 5-1　景区生态效率投入产出指标体系

指标名称		数据来源	单位
投入指标	旅游消费劳动力投入	景区年劳动力人数/旅游人数	人
	旅游消费资本投入	景区年资本投入/旅游人数	元
	旅游消费能源投入	旅游项目能耗×项目人均能耗	千克标准煤
	旅游消费水资源投入	游客停留时间×(年用水总量/旅游人数)/人均游客停留时间	吨
期望产出指标	旅游消费收入	景区门票+景区额外花费	元
非期望产出指标	旅游消费垃圾排放	游客停留时间×(垃圾排放总量/旅游人数)/人均游客停留时间	吨

5.2.3.2 调查问卷的设计与方法

(1)调查问卷的目的与对象

主要采用调查问卷的形式收集旅游消费者对微观旅游景区生态效率的作用情况的相关指标。调查对象为在张掖七彩丹霞景区游览消费的游客。

(2)调查问卷的内容设计

根据投入产出指标体系的设计,调查问卷包括游客基本信息部分、游客消费方式部分、游客对景区绿色发展意愿(详见附录)三大部分。

(3)问卷发放与收集

调查使用"问卷星"平台,向景区游客发放电子微信问卷,并采用发放微信红包的形式提高公众的参与水平。发放时间为2018年9月30日至10月30日。主要采用自助填写与现场人工引导填写两种方式:自助填写是在张掖七彩丹霞景区门口与丹霞景区综合服务区(丹霞小镇)主要住宿餐饮场所张贴问卷的二维码,游客通过扫二维码进行调查问卷的填写;现场人工填写主要由调查人员在旁边辅助进行问卷的打开与问题解释,方便游客了解问卷所设计的问题。

截止到2018年10月30日共收集有效问卷871份。

5.2.4 调查问卷数据分析

5.2.4.1 性别构成

本次调查收集的871份问卷中,男性比例为41.79%,女性比例为58.21%(见图5-1)。

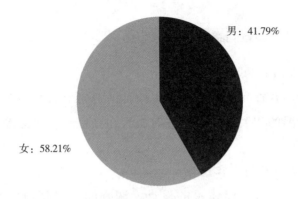

图 5-1　张掖七彩丹霞景区游客性别构成

5.2.4.2　年龄构成

本次调查问卷设计的年龄段为 14 岁以下、15~24 岁、25~34 岁、35~44 岁、45~60 岁、61~70 岁、71 岁以上 7 个年龄段。其中，14 岁 以 下 占 1.03%，15 ~ 24 岁 游 客 占 46.33%，25 ~ 34 岁 游 客 占 26.50%，35~44 岁游客占 11.01%，45~60 岁游客占 14.45%，61~ 70 岁游客占 0.34%，71 岁以上游客占 0.34%，如图 5-2 所示。调查 问卷中游客主要为 15~34 岁。

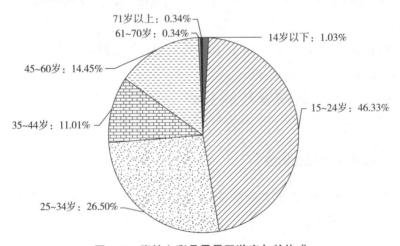

图 5-2　张掖七彩丹霞景区游客年龄构成

5.2.4.3 职业构成

本次问卷中设计的职业主要包括公务员、企事业管理人员、服务人员、工人、农民、军人、离退休人员、学生和其他。其中,公务员占10.91%,企事业管理人员占18.14%,服务人员占6.08%,工人占4.71%,农民占2.30%,军人占0.34%,离退休人员占1.95%,学生占41.79%,其他占13.78%,如图5-3所示。在调查问卷中,学生为主要构成群体。

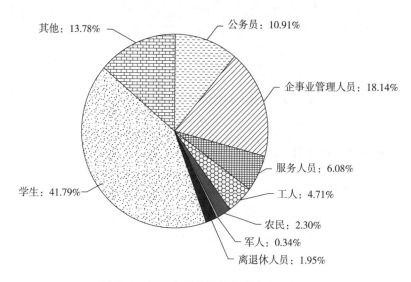

图5-3 张掖七彩丹霞景区游客职业构成

5.2.4.4 学历构成

本次问卷中所设计的学历主要包括小学以下、初中、高中/中专、专科、本科、硕士以上6个层次。其中,小学以下占1.49%,初中占4.59%,高中/中专占8.61%,专科占12.17%,本科占67.28%,硕士以上占5.86%,如图5-4所示。本科生为主要的构成群体。

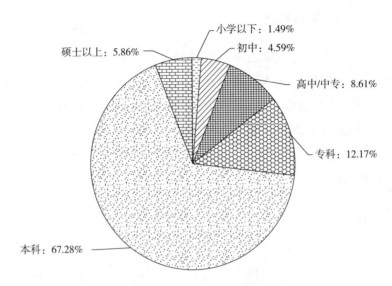

图5-4 张掖七彩丹霞景区游客学历构成

5.2.4.5 收入构成

本次问卷设计将游客收入水平设计为500元以下、501~1000元、1001~2000元、2001~3000元、3001~4000元、4001~5000元、5001~6000元、6001~7000元、7001~8000元以及8001元以上10个级别。其中，500元以下占5.85%，501~1000元占10.56%，1001~2000元占13.55%，2001~3000元占20.78%，3001~4000元占17.11%，4001~5000元占10.22%，5001~6000元占7.35%，6001~7000元占4.36%，7001~8000元占2.53%，8001元以上占7.69%，如图5-5所示。调查问卷游客的收入主要分布在2001~4000元。

5.2.4.6 旅游方式构成

本次调查问卷旅游方式设计为个人自助游、家庭或与亲朋结伴自助游、单位组织和旅行社组织4个类别。其中，个人自助游占

42.37%，家庭或与亲朋结伴自助游占 50.06%，单位组织占 3.67%，旅行社组织占 3.9%，如图 5-6 所示。游客主要旅游方式为家庭或与亲朋结伴自助游和个人自助游两种。

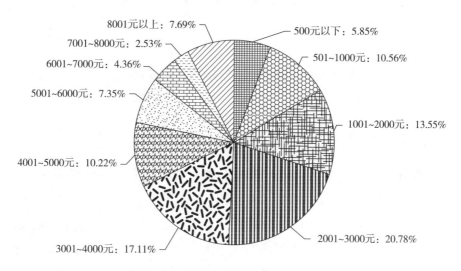

图 5-5 张掖七彩丹霞景区游客收入构成

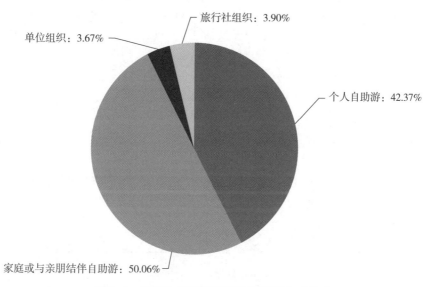

图 5-6 张掖七彩丹霞景区游客旅游方式构成

5.3 景区旅游消费生态效率分布
特征与驱动因素分析

5.3.1 景区旅游消费生态效率分布特征

5.3.1.1 景区旅游消费生态效率分布

根据模型计算的景区旅游消费生态效率分布绘制直方图(见图 5-7),分布特征左尾轻于正态分布,右尾重于正态分布。属于正偏态分布,即均值大于众数。均值为 0.1761,最大值为 1,最小值为 0.1516。说明总体景区旅游消费生态效率分布集中于较低水平,并且在 0.2 之下,大于 0.8 的生态效率分布较少。较低的生态效率水平分布特征,说明个别游客在景区游览中实现了较高生态效率的同时,其他游客还处于较低甚至无效率的状态,游客旅游消费行为差异较大。

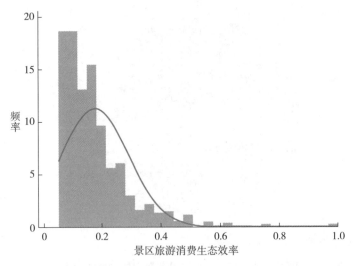

图 5-7 张掖七彩丹霞景区旅游消费生态效率分布

5.3.1.2　景区旅游消费生态效率分类特征

为了进一步分析旅游消费视角下的景区旅游生态效率水平及其驱动因素，根据生态效率的数据特征，进一步将生态效率水平分为高生态效率（$CE \geqslant 0.4$）、中生态效率（$0.2 \leqslant CE < 0.4$）、低生态效率（$0.1 \leqslant CE < 0.2$）以及无生态效率（$CE < 0.1$）四种情况，分别进行不同生态效率水平下的人群特征分析与生态效率驱动因素分析。如图 5-8 所示，分类后：处于高生态效率的游客有 47 人，占 5%；处于中生态效率的游客有 208 人，占 24%；处于低生态效率的游客有 388 人，占 45%；处于无生态效率的游客有 228 人，占 26%。

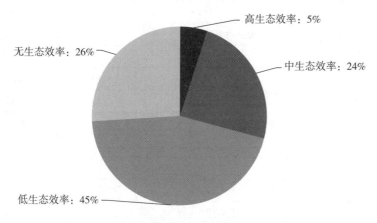

图 5-8　张掖七彩丹霞景区旅游消费生态效率分类

（1）旅游消费高生态效率人群特征

如表 5-2 所示，景区高生态效率游客以男性为主，以 15～44 岁年龄段人群为主，职业分布最多的为学生和企事业管理人员，受教育程度主要为本科，收入水平主要分布在 1001～2000 元、2001～3000 元及 8001 元以上，旅游方式以个人自助游和家庭或与亲朋结伴自助游为主。可见，高生态效率游客的特征旅游方式较为大众化，年龄偏年轻化，学生和企事业管理人员是高生态效率的特征人群。

表 5-2 旅游消费高生态效率人群特征

类别		频率	百分比(%)
性别	男	30	63.83
	女	17	36.17
年龄	14 岁以下	0	0.00
	15~24 岁	18	38.30
	25~34 岁	19	40.43
	35~44 岁	7	14.89
	45~60 岁	2	4.26
	61~70 岁	0	0.00
	71 岁以上	1	2.13
职业	公务员	5	10.64
	企事业管理人员	9	19.15
	服务人员	5	10.64
	工人	4	8.51
	农民	1	2.13
	军人	0	0.00
	离退休人员	0	0.00
	学生	12	25.53
	其他	11	23.40
受教育程度	小学以下	2	4.26
	初中	1	2.13
	高中/中专	3	6.38
	专科	9	19.15
	本科	27	57.45
	硕士以上	5	10.64
收入	500 元以下	2	4.26
	501~1000 元	4	8.51
	1001~2000 元	7	14.89
	2001~3000 元	7	14.89

续表

类别		频率	百分比(%)
收入	3001~4000 元	5	10.64
	4001~5000 元	8	17.02
	5001~6000 元	4	8.51
	6001~7000 元	2	4.26
	7001~8000 元	1	2.13
	8001 元以上	7	14.89
旅游方式	个人自助游	20	42.55
	家庭或与亲朋结伴自助游	23	48.94
	单位组织	1	2.13
	旅行社组织	3	6.38

（2）旅游消费中生态效率人群特征

如表5-3所示，景区中生态效率人群中女性略多于男性，年龄主要集中在 15~34 岁，学生和企事业管理人员占据较高比例，本科生依然为中生态效率人群的中坚力量，收入主要分布在 2001~4000 元，旅游方式以家庭或与亲朋结伴自助游为主。

表 5-3 旅游消费中生态效率人群特征

类别		频率	百分比(%)
性别	男	95	45.67
	女	113	54.33
年龄	14 岁以下	3	1.44
	15~24 岁	81	38.94
	25~34 岁	71	34.13
	35~44 岁	25	12.02
	45~60 岁	27	12.98
	61~70 岁	1	0.48
	71 岁以上	0	0.00

类别		频率	百分比(%)
职业	公务员	25	12.02
	企事业管理人员	48	23.08
	服务人员	21	10.10
	工人	13	6.25
	农民	6	2.88
	军人	1	0.48
	离退休人员	3	1.44
	学生	64	30.77
	其他	27	12.98
受教育程度	小学以下	4	1.92
	初中	15	7.21
	高中/中专	22	10.58
	专科	32	15.38
	本科	124	59.62
	硕士以上	11	5.29
收入	500元以下	7	3.37
	501~1000元	10	4.81
	1001~2000元	25	12.02
	2001~3000元	43	20.67
	3001~4000元	43	20.67
	4001~5000元	20	9.62
	5001~6000元	19	9.13
	6001~7000元	15	7.21
	7001~8000元	6	2.88
	8001元以上	20	9.62

类别		频率	百分比(%)
旅游方式	个人自助游	80	38.46
	家庭或与亲朋结伴自助游	120	57.69
	单位组织	6	2.88
	旅行社组织	2	0.96

（3）旅游消费低生态效率人群特征

如表5-4所示，景区低生态效率人群以女性为主，年龄以15～24岁为主，学生居多，本科学历占很高比重，收入主要为2001～3000元，旅游方式主要为个人自助游和家庭或与亲朋结伴自助游。

表5-4　旅游消费低生态效率人群特征

类别		频率	百分比(%)
性别	男	152	39.18
	女	236	60.82
年龄	14岁以下	4	1.03
	15～24岁	192	49.48
	25～34岁	81	20.88
	35～44岁	44	11.34
	45～60岁	65	16.75
	61～70岁	0	0.00
	71岁以上	2	0.52
职业	公务员	44	11.34
	企事业管理人员	52	13.40
	服务人员	16	4.12
	工人	19	4.90
	农民	10	2.58

类别		频率	百分比(%)
职业	军人	1	0.26
	离退休人员	12	3.09
	学生	181	46.65
	其他	53	13.66
受教育程度	小学以下	5	1.29
	初中	20	5.15
	高中/中专	37	9.54
	专科	43	11.08
	本科	266	68.56
	硕士以上	17	4.38
收入	500元以下	22	5.67
	501~1000元	46	11.86
	1001~2000元	59	15.21
	2001~3000元	88	22.68
	3001~4000元	65	16.75
	4001~5000元	39	10.05
	5001~6000元	25	6.44
	6001~7000元	14	3.61
	7001~8000元	8	2.06
	8001元以上	22	5.67
旅游方式	个人自助游	168	43.30
	家庭或与亲朋结伴自助游	194	50.00
	单位组织	10	2.58
	旅行社组织	16	4.12

(4)旅游消费无生态效率人群特征

如表5-5所示，在景区无生态效率人群中女性占主导，年龄主要分布在 15~24 岁，职业为学生居多，受教育程度主要为本科，占比高达 74.12%，收入主要分布在 2001~3000 元，旅游方式以个人自助游和家庭或与亲朋结伴自助游为主。

表 5-5　旅游消费无生态效率人群特征

类别		频率	百分比(%)
性别	男	87	38.16
	女	141	61.84
年龄	14 岁以下	2	0.88
	15~24 岁	112	49.12
	25~34 岁	60	26.32
	35~44 岁	20	8.77
	45~60 岁	32	14.04
	61~70 岁	2	0.88
	71 岁以上	0	0.00
职业	公务员	21	9.21
	企事业管理人员	49	21.49
	服务人员	11	4.82
	工人	5	2.19
	农民	3	1.32
	军人	1	0.44
	离退休人员	2	0.88
	学生	107	46.93
	其他	29	12.72
受教育程度	小学以下	2	0.88
	初中	4	1.75
	高中/中专	13	5.70
	专科	22	9.65
	本科	169	74.12
	硕士以上	18	7.89

类别		频率	百分比(%)
收入	500 元以下	20	8.77
	501~1000 元	32	14.04
	1001~2000 元	27	11.84
	2001~3000 元	43	18.86
	3001~4000 元	36	15.79
	4001~5000 元	22	9.65
	5001~6000 元	16	7.02
	6001~7000 元	7	3.07
	7001~8000 元	7	3.07
	8001 元以上	18	7.89
旅游方式	个人自助游	101	44.30
	家庭或与亲朋结伴自助游	99	43.42
	单位组织	15	6.58
	旅行社组织	13	5.70

综上，可以看出不同生态效率水平下游客基本情况，在高生态效率游客中少、青、中成为主要人群，高收入人群也是高生态效率游客的主要人群。在低生态效率和无生态效率游客中，学生和女性成为主要特征人群，但学生作为主要人群与采样中的学生占很高比例有一定关系。因此，为了得到更为准确的人群特征中对生态效率的驱动因素和影响因素，需要进行计量分析与相关分析。

5.3.2 景区旅游消费生态效率相关因素分析和驱动因素分析

5.3.2.1 景区旅游消费生态效率相关因素分析

从消费者角度出发，微观层面的景区生态经济系统运行依托游客在景区内的旅游活动，以单一消费者为决策单元，衡量生态效率主要受到的消费者人群特征与消费行为特征的影响，因此选取消费者人群特征、消费者旅游方式、消费者生态环境影响、消费者绿色旅游感知四个层面的影响因素进行分析。具体来说：消费者人群特征包括性别、年龄、受教育程度、收入水平 4 个因素，消费者旅游方式包括景区附近停留时间、景区内停留时间、旅游花费 3 个因素，消费者生态环境影响包括能源消耗、用水量、垃圾排放量 3 个因素，消费者绿色旅游感知包括绿色旅游认知、绿色旅游支持态度、绿色旅游支付意愿 3 个因素。数据主要来源于调查问卷，均为离散的类型或程度指标，值越高，该变量表达的程度越强。相关分析结果如表 5-6 所示。

表 5-6　景区旅游消费生态效率相关因素分析

序号	相关因素	相关系数	序号	相关因素	相关系数
1	性别	-0.1103**	8	用水量	-0.1052**
2	年龄	0.0125	9	垃圾排放量	-0.1052**
3	受教育程度	-0.0942**	10	旅游花费	0.8181**
4	收入水平	0.1183**	11	绿色旅游认知	0.0886**
5	景区附近停留时间	0.1848**	12	绿色旅游支持态度	0.0181
6	景区内停留时间	-0.1052**	13	绿色旅游支付意愿	0.1481**
7	能源消耗	-0.1741**			

注：** 表示在 0.05 水平上显著。

第一，在人群特征中，性别、受教育程度与景区生态效率呈显著负相关，即女性占比与景区消费生态效率呈负相关，受教育程度越高生态效率水平越低，说明受教育程度越高旅游消费越理性，同时样本中大学生占比较高，也影响了受教育程度对景区消费生态效率的作用；收入水平与景区生态效率呈显著的正相关，即收入水平越高景区消费生态效率越高。

第二，在旅游方式中，景区附近停留时间与生态效率呈显著的正相关,景区内停留时间与景区生态效率呈显著的负相关。说明在景区附近停留时间越长消费生态效率水平越高,而在景区内停留时间越长生态效率水平越低。旅游花费与生态效率呈显著的正相关,即旅游花费越高,生态效率越好。

第三,在旅游者生态环境影响中,能源消耗、用水量和垃圾排放量与景区消费生态效率均为显著负相关,即上述变量的增加将导致生态效率的降低。

第四,在绿色旅游感知中,绿色旅游认知以及绿色旅游支付意愿与生态效率均呈现显著的正相关,即绿色旅游认知水平越高、支付意愿越强的游客在旅游消费中的生态效率水平越高。

5.3.2.2 景区旅游消费生态效率驱动因素分析

根据具有显著相关性的相关因素,构建景区旅游消费生态效率驱动因素 Tobit 回归模型,根据各变量特征,旅游花费取对数,其他变量保留原值,经检验、用水量和垃圾排放量具有共线性,因此剔除。

$$CE = \gamma_0 + \gamma_1 GEN + \gamma_2 EDU + \gamma_3 INCO + \gamma_4 STAY + \gamma_5 STAYIN + \gamma_6 KNOW +$$
$$\gamma_7 WILL + \gamma_8 ENERGY + \gamma_9 lnCOST + \varepsilon \qquad (5-1)$$

式中,GEN 为性别,EDU 为受教育程度,$INCO$ 为收入,$STAY$ 为景区附近停留时间,$STAYIN$ 为景区内停留时间,$KNOW$ 为绿色旅游认知,$WILL$ 为支付意愿,$ENERGY$ 为能源消耗,$COST$ 为旅游花费,GE 为旅游景区消费生态效率。

根据生态效率的高低人群,分别进行驱动因素回归,回归结果如表 5-7 所示。

其一,根据回归结果,景区旅游消费生态效率与游客景区内停留时间、游客能源消耗成反比,与旅游花费成正比。具体来说:旅游花费每增加 1%,旅游生态效率提高 0.1528;能源排放每增加 1 吨标准煤,生态效率降低 0.0013;游客每多在景区停留 1 小时,生态效率降低 0.0261 吨。

表 5-7　景区旅游消费生态效率驱动因素回归结果

变量	生态效率		高生态效率		中生态效率		低生态效率		无生态效率	
	Coef.	t	Coef.	t	Coef.	t	Coef.	t	Coef.	t
GEN	0.0001	0.0300	-0.0485	-1.6000	0.0178	3.2300***	0.0008	0.3400	-0.0018	-1.4800
EDU	-0.0027	-1.4000	-0.0251	-2.1200**	0.0002	0.0900	-0.0007	-0.5600	0.0002	0.2200
INCO	-0.0005	-0.6400	-0.0003	-0.0400	0.0004	0.3300	-0.0002	-0.4400	-0.0008	-3.0300***
STAY	0.0008	0.4800	0.0043	0.5100	0.0017	0.8100	0.0010	1.0400	0.0005	0.7400
STAYIN	-0.0261	-18.8600***	-0.0843	-7.9000***	-0.0184	-9.0400***	-0.0114	-11.1700***	-0.0051	-10.2800***
KNOW	-0.0024	-1.2300	-0.0074	-0.6900	-0.0005	-0.1600	-0.0016	-1.2800	-0.0001	-0.2300
WILL	0.0023	1.5500	-0.0105	-1.1900	-0.0016	-0.8100	0.0008	0.8800	-0.0004	-0.8100
ENERGY	-0.0013	-5.5700***	-0.0051	-4.2700***	-0.0008	-2.3600**	-0.0006	-3.5700***	-0.0002	-2.8000***
lnCOST	0.1528	50.0200***	0.2580	7.1300***	0.0974	11.6700***	0.0589	14.3900***	0.0380	12.8400***
_cons	-0.5529	-25.8200	-0.7653	-3.1600	-0.2859	-5.8600	-0.1263	-6.0300	-0.0787	-5.2300
Log likelihood	1282.1751		47.0777		389.9666		922.8448		760.7348	

注：**，***分别表示在 0.05、0.01 水平上显著。

其二，在对景区高生态效率驱动因素回归中，可以发现：受教育程度与生态效率成反比，受教育程度每增加一个等级，生态效率降低0.0251；景区内停留时间、能源消耗与生态效率成反比，能源消耗每增加1吨标准煤，生态效率降低0.0051；游客每多停留1小时，生态效率降低0.0843；旅游花费与生态效率呈正比，游客花费每增加1%，生态效率增加0.2580。可见，对于高生态效率人群，各类驱动因素作用效果更强。

其三，在对中生态效率驱动因素回归中发现，性别与生态效率水平成正比，即女性进行旅游活动可以使景区游客生态效率提高0.0178。景区内停留时间、能源消耗、旅游花费对中生态效率的影响均弱于整体生态效率与高生态效率。

其四，在对低生态效率和无生态效率驱动因素的回归发现，与上述效率分析结果一致，景区内停留时间、能源消耗与生态效率成反比，旅游花费与其成正比，且作用强度越来越低。在无生态效率驱动因素中，游客收入成为景区生态效率的反向驱动因素，即收入每增加1000元，生态效率有很小幅的降低（降低0.0008）。

综上，景区消费生态效率驱动因素主要包括游客景区内停留时间、能源消耗与旅游花费，随着消费生态效率水平的增加，能源消耗与景区内停留时间对生态效率的边际效应递增，旅游花费水平的边际效应递减。高生态效率人群通过降低能耗与景区内停留时间能更有效地提升生态效率水平。

5.4 不同消费水平下景区旅游消费生态效率分布特征与驱动因素分析

5.4.1 不同消费水平下景区旅游消费生态效率分布特征

5.4.1.1 旅游消费分组

在对景区生态效率的相关影响因素分析中可以发现，旅游花费在所有影响因素中相关系数最高（0.8181，表 5-6），可见旅游花费是景区生态效率最重要的影响因素，因此将旅游花费作为分组依据，可以进一步优化已有的生态效率分析，使已有的 871 个决策单元在不同的消费水平下重新分组，每一个分组在一定的消费水平下单独进行相对生态效率计算，使生态效率分布更均衡。具体分组如表 5-8 所示，根据游客在景区的花费，将游客分为 6 组：低消费组，即花费 50 元以下游客；中低消费组，即花费在 51~100 元游客；中等消费组，即花费在 101~200 元游客；中高消费组，即花费在 201~300 元游客；高消费组，即花费在 301~500 元游客；超高消费组，即花费在 501 元以上游客。

表 5-8　景区游客消费水平与生态效率数据特征

组别	花费特征	人数	人数占比	生态效率数据特征			
				平均值	标准差	最小值	最大值
低消费	50 元以下	163	18.71	0.5803	0.1861	0.3824	1.0000
中低消费	51~100 元	189	21.70	0.5376	0.1407	0.3824	1.0000
中等消费	101~200 元	181	20.78	0.5271	0.1274	0.3824	1.0000
中高消费	201~300 元	127	14.58	0.5157	0.1416	0.3824	1.0000
高消费	301~500 元	117	13.43	0.4590	0.1132	0.3530	1.0000
超高消费	501 元以上	94	10.79	0.3979	0.1431	0.2338	1.0000

5.4.1.2　分组旅游消费生态效率分布特征分析

（1）低消费旅游生态效率分布

低消费组共有 163 名游客，即有 163 个决策单元，生态效率分布如图 5-9 所示。分布特征为左尾轻于正态分布，右尾重于正态分布。属于正偏态分布，即均值大于众数。均值为 0.5803，最小值为 0.3823，最大值为 1，标准差最大。低消费生态效率离散程度最大，集中在 0.4 左右，相对有效率的 0.8 附近有一定分布，高效率 1 附近的分布也有 10%。

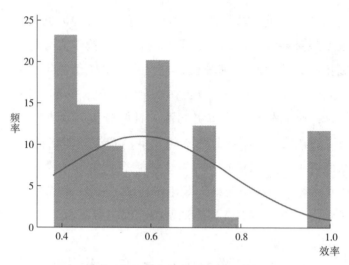

图 5-9　低消费旅游生态效率分布

（2）中低消费旅游生态效率分布

中低消费组共有游客 189 人，即有 189 个决策单元，生态效率分布如图 5-10 所示。分布特征依然是均值大于众数的正偏态分布，均值为 0.5376，最小值为 0.3823，最大值为 1。相比低消费组，中低消费组旅游生态效率分布在 0.6～0.8 有所增加。

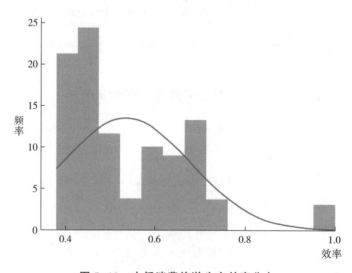

图 5-10　中低消费旅游生态效率分布

（3）中等消费旅游生态效率分布

中等消费组共有游客 181 人，即有 181 个决策单元，生态效率分布如图 5-11 所示。分布特征依然是均值大于众数的正偏态分布，均值为 0.5271，最小值为 0.3823，最大值为 1。相比低消费和中低消费，生态效率更为均匀地分布在 0.4~0.7。

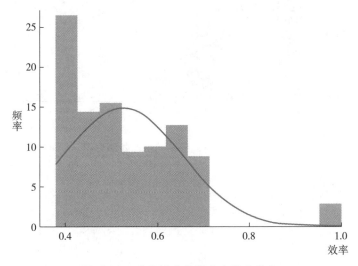

图 5-11 中等消费旅游生态效率分布

（4）中高消费旅游生态效率分布

中高消费组共有游客 127 人，即有 127 个决策单元，生态效率分布如图 5-12 所示。分布特征依然是均值大于众数的正偏态分布，均值为 0.5157，最小值为 0.3823，最大值为 1。生态效率分布更为离散，在 0.4 左右的较低水平上分布较多。

（5）高消费旅游生态效率分布

高消费组共有游客 117 人，即有 117 个决策单元，生态效率分布如图 5-13 所示。分布特征依然是均值大于众数的正偏态分布，均值为 0.4590，最小值为 0.3530，最大值为 1。生态效率相比其他组较低。在 0.4 左右的较低水平上分布较多，相比其他消费水平上的生态效率离散程度最小。

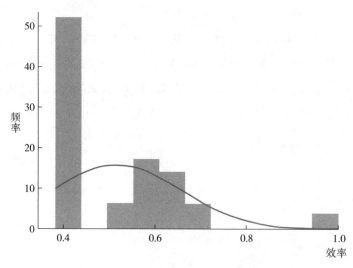

图 5-12　中高消费旅游生态效率分布

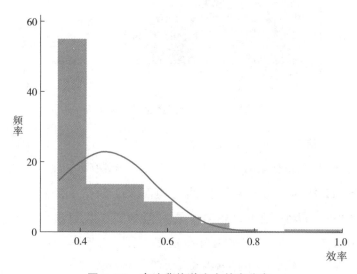

图 5-13　高消费旅游生态效率分布

（6）超高消费旅游生态效率分布

超高消费组共有游客 94 人，即有 94 个决策单元，生态效率分布如图 5-14 所示。分布特征依然是均值大于众数的正偏态分布，均值为 0.3979，最小值为 0.2338，最大值为 1。生态效率整体分布更为均衡，更接近正态分布，从计量经济学角度来说，该组数据回归结果更为准确，误差更小。

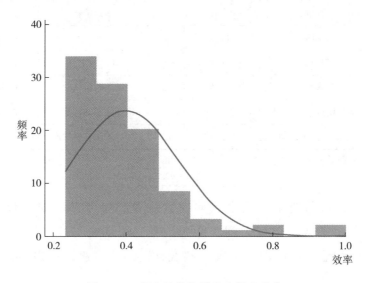

图 5-14　超高消费旅游生态效率分布

5.4.2　分组旅游消费生态效率影响因素分析和驱动因素分析

5.4.2.1　低消费旅游生态效率影响因素分析与驱动因素分析

在低消费水平上，从消费者人群特征来看，景区生态效率与年龄、受教育程度与收入水平呈显著的负相关，即年龄越大，受教育程度越高，收入水平越高，生态效率水平越低。从消费者旅游方式来看，景区内停留时间与生态效率呈显著的负相关，即景区内停留时间越长，生态效率越低。在消费者对生态环境影响上，景区生态效率与能源消耗、用水量和垃圾排放量均呈显著的负相关，如表 5-9 所示。

表 5-9　低消费旅游生态效率影响因素相关分析

序号	相关因素	相关系数	序号	相关因素	相关系数
1	性别	−0.1463	7	能源消耗	−0.2180**
2	年龄	−0.1737**	8	用水量	−0.7015**
3	受教育程度	−0.1806**	9	垃圾排放量	0.7015**
4	收入水平	−0.2398**	10	绿色旅游认知	0.0443
5	景区附近停留时间	−0.0489	11	绿色旅游支持态度	0.0198
6	景区内停留时间	−0.7015**	12	绿色旅游支付意愿	−0.0714

注：** 表示在 0.05 水平上显著。

　　进而，低消费生态效率驱动因素主要包括年龄、受教育程度、收入水平、景区内停留时间、能源消耗、用水量与垃圾排放量。经检验，用水量与垃圾排放量具有共线性，因此，建立 Tobit 回归模型如下：

$$CE_1 = \gamma_{10} + \gamma_{11}AGE + \gamma_{12}EDU + \gamma_{13}INCOME + \gamma_{14}STAYIN + \gamma_{15}ENERGY + \varepsilon$$

$$(5-2)$$

回归结果如表 5-10 所示。

表 5-10　低消费生态效率驱动因素分析回归结果

变量	Coef.	t
AGE	−0.0265	−2.3500**
EDU	−0.0206	−1.5100
$INCOME$	−0.0097	−1.9600**
$STAYIN$	−0.0893	−11.5200***
$ENERGY$	−0.0050	−2.7700***
_cons	1.0978	14.5600
Log likelihood	58.9295	

注：** 、*** 分别表示在 0.05、0.01 水平上显著。

根据回归结果，消费水平低于 50 元时，年龄越大景区消费生态效率越低。收入越高景区消费生态效率越低，当收入增加 1000 元，景区生态效率下降 0.0097；景区内停留时间越长，景区消费生态效率越低，景区内停留时间每增加 1 小时，生态效率下降 0.0893；能源消耗每增加 1 千克标准煤，生态效率将下降 0.0050。

5.4.2.2　中低消费旅游生态效率影响因素分析和驱动因素分析

在中低消费水平上，景区生态效率与旅游方式中景区内停留时间呈现显著的负相关，在旅游生态环境影响中，能源消耗、用水量以及垃圾排放量与景区生态效率呈显著负相关，如表 5-11 所示。

表 5-11　中低消费旅游生态效率影响因素相关分析

序号	相关因素	相关系数	序号	相关因素	相关系数
1	性别	0.0438	7	能源消耗	−0.2225**
2	年龄	−0.0078	8	用水量	−0.6011**
3	受教育程度	−0.1324	9	垃圾排放量	−0.6011**
4	收入水平	−0.1315	10	绿色旅游认知	−0.0253
5	景区附近停留时间	0.0469	11	绿色旅游支持态度	−0.0594
6	景区内停留时间	−0.6011**	12	绿色旅游支付意愿	0.0126

注：** 表示在 0.05 水平上显著。

根据相关分析，中低消费组景区生态效率与景区内停留时间、能源消耗具有显著的相关性，剔除具有共线性的用水量与垃圾排放量，构建回归模型如下：

$$CE_2 = \gamma_{20} + \gamma_{21} STAYIN + \gamma_{22} ENERGY + \varepsilon \qquad (5-3)$$

回归结果如表 5-12 所示。

表5-12　中低消费生态效率驱动因素分析回归结果

变量	Coef.	t
STAYIN	-0.0666	-10.4400 ***
ENERGY	-0.0041	-3.5400 ***
_cons	0.7609	34.5900
Log likelihood	131.6721	

注：*** 表示在0.01水平上显著。

根据回归结果，消费51~100元的游客景区内停留时间越长，景区消费生态效率越低，每停留1小时，生态效率下降0.0666；游客景区内能源消耗越多，生态效率越低，游客每增加1千克标准煤的能源消耗，生态效率下降0.0041。

5.4.2.3　中等消费旅游生态效率影响因素分析和驱动因素分析

在中等消费水平上，景区生态效率与旅游方式中的景区内停留时间呈显著的负相关；旅游生态环境影响中的能源消耗、用水量，以及垃圾排放量与景区生态效率呈显著负相关；绿色旅游感知中的绿色旅游支付意愿与景区生态效率呈显著负相关（见表5-13）。

表5-13　中等消费旅游生态效率影响因素相关分析

序号	相关因素	相关系数	序号	相关因素	相关系数
1	性别	0.0330	7	能源消耗	-0.3313 *
2	年龄	0.0249	8	用水量	-0.4766 *
3	受教育程度	0.0428	9	垃圾排放量	-0.4766 *
4	收入水平	0.0148	10	绿色旅游认知	0.1377
5	景区附近停留时间	-0.0973	11	绿色旅游支持态度	-0.0293
6	景区内停留时间	-0.4766 *	12	绿色旅游支付意愿	-0.1585 *

注：* 表示在0.05水平上显著。

根据上述相关影响因素的识别，构建回归模型如下：

$$CE_3 = \gamma_{30} + \gamma_{31}STAYIN + \gamma_{32}ENERGY + \gamma_{33}WILL + \varepsilon \qquad (5-4)$$

回归结果如表 5-14 所示。

表 5-14 中等消费生态效率驱动因素分析回归结果

变量	Coef.	t
STAYIN	-0.0467	-7.5600 ***
ENERGY	-0.0058	-4.9500 ***
WILL	-0.0071	-1.0300
_cons	0.7271	26.0500
Log likelihood	131.6721	

注：*** 表示在 0.01 水平上显著。

根据回归结果，消费 101~200 元的游客景区内停留与能耗的增加均会使生态效率的下降。游客每停留 1 小时，生态效率下降 0.0467；游客每增加 1 千克标准煤的能源消耗，生态效率下降 0.0058。

5.4.2.4 中高消费旅游生态效率影响因素分析和驱动因素分析

在中高消费水平上，景区生态效率与旅游方式中的景区内停留时间呈显著的负相关；旅游生态环境影响中的能源消耗、用水量，以及垃圾排放量与景区生态效率呈显著负相关；绿色旅游感知中的绿色旅游支持态度与景区生态效率呈显著正相关（见表 5-15）。

表 5-15 中高消费旅游生态效率影响因素相关分析

序号	相关因素	相关系数	序号	相关因素	相关系数
1	性别	0.0452	7	能源消耗	-0.3796 **
2	年龄	-0.0438	8	用水量	-0.5796 **
3	受教育程度	0.0070	9	垃圾排放量	-0.5796 **
4	收入水平	0.0831	10	绿色旅游认知	-0.0565
5	景区附近停留时间	-0.0544	11	绿色旅游支持态度	0.1854 **
6	景区内停留时间	-0.5796 **	12	绿色旅游支付意愿	-0.1421

注：** 表示在 0.05 水平上显著。

根据上述相关影响因素的识别，构建回归模型如下：

$$CE_4 = \gamma_{40} + \gamma_{41} STAYIN + \gamma_{42} ENERGY + \gamma_{43} ATTI + \varepsilon \qquad （5-5）$$

回归结果如表 5-16 所示。

表 5-16　中高消费生态效率驱动因素分析回归结果

变量	Coef.	t
STAYIN	−0.0522	−6.8200 ***
ENERGY	−0.0040	−3.1100 ***
ATTI	0.0163	0.9000
_cons	0.7086	16.3000
Log likelihood	83.4699	

注：*** 表示在 0.01 水平上显著。

根据回归结果，消费 201~300 元的游客景区内停留与能耗的增加均会使生态效率下降。游客每停留 1 小时，生态效率下降 0.0522；能源消耗每增加 1 千克标准煤，生态效率下降 0.0040。

5.4.2.5　高消费旅游生态效率影响因素分析和驱动因素分析

在高消费水平上，景区生态效率与旅游方式中的景区内停留时间呈显著的负相关，旅游生态环境影响中的能源消耗、用水量以及垃圾排放量与景区生态效率呈显著负相关，如表 5-17 所示。

表 5-17　高消费旅游生态效率影响因素相关分析

序号	相关因素	相关系数	序号	相关因素	相关系数
1	性别	−0.1221	7	能源消耗	−0.2762 **
2	年龄	−0.0861	8	用水量	−0.4881 **
3	受教育程度	−0.0426	9	垃圾排放量	−0.4881 **
4	收入水平	−0.1604	10	绿色旅游认知	0.075
5	景区附近停留时间	−0.1256	11	绿色旅游支持态度	−0.0314
6	景区内停留时间	−0.4881 **	12	绿色旅游支付意愿	−0.0134

注：** 表示在 0.05 水平上显著。

根据上述相关影响因素的识别，构建回归模型如下：

$$CE_5 = \gamma_{50} + \gamma_{51}STAYIN + \gamma_{52}ENERGY + \varepsilon \qquad (5-6)$$

回归结果如表 5-18 所示。

表 5-18　高消费生态效率驱动因素分析回归结果

变量	Coef.	t
STAYIN	−0.0395	−6.4500 ***
ENERGY	−0.0036	−3.7100 ***
_cons	0.6395	23.8100
Log likelihood	108.0056	

注：*** 表示在 0.01 水平上显著。

根据回归结果，消费 301～500 元的游客景区内停留与能耗的增加均会使生态效率下降。游客每停留 1 小时，生态效率下降 0.0395；游客每增加 1 千克标准煤的能源消耗，生态效率下降 0.0036。

5.4.2.6　超高消费旅游生态效率影响因素分析和驱动因素分析

在超高消费水平上，景区生态效率与旅游方式中的景区内停留时间呈显著的负相关，旅游生态环境影响中的用水量以及垃圾排放量与景区生态效率呈显著负相关。

表 5-19　超高消费旅游生态效率影响因素相关分析

序号	相关因素	相关系数	序号	相关因素	相关系数
1	性别	−0.1243	7	能源消耗	−0.0659
2	年龄	0.0911	8	用水量	−0.4484 **
3	受教育程度	−0.0122	9	垃圾排放量	−0.4484 **
4	收入水平	0.0030	10	绿色旅游认知	−0.0465
5	景区附近停留时间	−0.0812	11	绿色旅游支持态度	0.0115
6	景区内停留时间	−0.4484 **	12	绿色旅游支付意愿	0.1042

注：** 表示在 0.05 水平上显著。

根据上述相关影响因素的识别，构建回归模型如下：

$$CE_6 = \gamma_{60} + \gamma_{61}STAYIN + \varepsilon \qquad (5-7)$$

回归结果如表 5-20 所示。

表 5-20　超高消费生态效率驱动因素分析回归结果

变量	Coef.	t
STAYIN	−0.0425	−4.8400 ***
_cons	0.5691	15.0800
Log likelihood	53.5054	

注：*** 表示在 0.01 水平上显著。

根据回归结果，消费 501 元以上的游客景区内停留时间的增加会使生态效率下降。游客每停留 1 小时，生态效率下降 0.0425。

5.5　本章小结

本章以甘肃省张掖七彩丹霞景区为例，从微观层面消费者角度对生态效率进行评价，本章数据主要来源于调查问卷，通过对 871 位游客的景区旅游消费生态经济系统进行评价，分析了 871 位游客的景区旅游消费生态效率分布特征与驱动因素，进一步对不同消费水平下分组游客生态效率进行评价并分析了其影响因素与驱动因素，研究发现：

第一，景区旅游消费生态效率整体分布处于 0.4 以下的较低水平。分布呈底部低效率分布多、顶部高效率分布少的金字塔形。在高生态效率游客中，少、青、中以及高收入游客是主要人群，在低生态效率与无生态效率中，学生和女性游客是主要人群。

第二，景区旅游消费生态效率总体上与游客停留时间、受教育程度、收入水平、旅游消费、绿色旅游认知与绿色旅游支付意愿具有显著的相关性。景区附近停留时间越长生态效率水平越高，而景区内停留时间越长生态效率水平越低。游客收入水平与旅游消费的提高均有利于景区生态效率的提高。绿色旅游认知水平越高、支付意愿越强的游客旅游消费生态效率水平越高。

第三，随着消费生态效率水平的增加，能源消耗与景区内停留时间对生态效率的边际效应递增，旅游消费水平的边际效应递减。景区消费生态效率驱动因素主要包括游客景区内停留时间、能源消耗与旅游消费，高生态效率人群通过降低能耗与景区内停留时间能更有效地提升生态效率水平。

第四，随着旅游消费水平的增加，能源消耗和景区内停留时间对旅游消费生态效率的边际效应递减。景区消费生态效率驱动因素主要包括游客景区内停留时间减少、能源消耗降低与旅游消费增加；在对旅游消费水平进行分组后发现，随着旅游消费水平的增加，能源消耗和景区内停留时间对生态效率的影响逐步减弱。通过降低能源消耗和减少景区内停留时间的方式提升旅游业生态效率对低消费水平的游客更为有效。

旅游业生态效率驱动机制
与绿色发展模式

　　本书从宏观尺度，分析了中国 31 个省份(不含港澳台)旅游业生态效率的驱动因素与外部影响因素；从中观尺度以旅游经济高速增长的甘肃省为例，分析了星级饭店、旅行社、旅游景区等旅游业行业部门生态效率的驱动因素与外部影响因素；从微观尺度以甘肃近年来发展最快的张掖七彩丹霞景区为例，分析了景区旅游消费生态效率的驱动因素与外部影响因素，系统地分析了"宏观区域—中观行业—微观消费"三个尺度的结构效应、规模效应、技术效应与资本效应。分析发现，不同旅游业不同生态效率下各效应的影响路径有所不同，外部环境因素作用程度与方向也有很大差异。因此，本章在前面各章节定量实证分析的基础上，试图综合梳理旅游业各系统下的生态效率驱动因素作用路径，系统地总结旅游业驱动机制。在此基础上，分别针对驱动机制、区域旅游业生态效率时空演变轨迹、旅游消费生态效率分布特征与规律、旅游行业部门生态效率演化规律，从发展原则、核心驱动、空间布局、绿色产品、绿色部门等方面构建旅游业绿色发展模式。

6.1　不同尺度下旅游业生态效率

　　从不同尺度下的各类生态效率值(见表 6-1)来看：平均值最大的为甘肃省星级饭店生态效率，为 0.8481；平均值最小的为张掖七彩丹霞景区消费生态效率，仅为 0.1761。标准差最小的是张掖七彩丹霞景区高消费生态效率，说明该生态效率集中度最高；相反，标准差最大为甘肃省旅游景区完全碳排放生态效率，表现为离散程度最高的生态效率。

表 6-1　生态效率值比较分析

类别	测算量	平均值	标准差	最小值	最大值
全国区域旅游业生态效率	620	0.7608	0.2601	0.2148	1
甘肃省星级饭店生态效率	20	0.8481	0.1684	0.4139	1
甘肃省星级饭店直接碳排放生态效率	20	0.7936	0.1882	0.3619	1
甘肃省星级饭店完全碳排放生态效率	20	0.6014	0.2972	0.2581	1
甘肃省旅行社生态效率	20	0.7948	0.2051	0.4419	1
甘肃省旅行社直接碳排放生态效率	20	0.6592	0.2500	0.3227	1
甘肃省旅行社完全碳排放生态效率	20	0.5870	0.2556	0.2835	1
甘肃省旅游景区生态效率	20	0.7180	0.2845	0.2550	1
甘肃省旅游景区直接碳排放生态效率	20	0.7771	0.2777	0.2175	1
甘肃省旅游景区完全碳排放生态效率	20	0.6993	0.3128	0.1977	1
张掖七彩丹霞景区消费生态效率	871	0.1761	0.1159	0.0516	1
张掖七彩丹霞景区低消费生态效率	163	0.5803	0.1861	0.3824	1
张掖七彩丹霞景区中低消费生态效率	189	0.5376	0.1407	0.3824	1
张掖七彩丹霞景区中等消费生态效率	181	0.5271	0.1274	0.3824	1
张掖七彩丹霞景区中高消费生态效率	127	0.5157	0.1416	0.3824	1
张掖七彩丹霞景区高消费生态效率	117	0.4590	0.1132	0.3530	1
张掖七彩丹霞景区超高消费生态效率	94	0.3979	0.1431	0.2338	1

在旅游业生态经济系统中，星级饭店作为成熟的旅游业经济部门，可持续发展表现得最好，旅游景区作为要素最全的旅游业经济部门，可持续发展水平最低。高消费游客的旅游消费生态效率表现差异不大，说明高消费游客具有类似的消费过程，这种消费过程应成为旅游消费效率提升的路径选择。

6.2　不同尺度下旅游业生态效率驱动机制

6.2.1　宏观层面：区域旅游业生态效率驱动机制

6.2.1.1　资本效应对区域旅游业生态效率的驱动机制

金融体系在现代经济中的地位日益重要，其已成为现代经济的核心(林毅夫等，2009)。金融系统对生态经济系统的作用可以表现为资本支持效应、资源配置效应与企业引导效应。在本书的区域旅游业生态效率驱动因素计量分析中，资本投入对区域旅游业生态效率没有积极作用，因此未来应不断优化旅游资本投入，系统构建旅游业绿色金融体系，改变目前投资结构，优化投资决策，增强资本发挥对旅游业生态效率的积极作用，如图6-1所示。

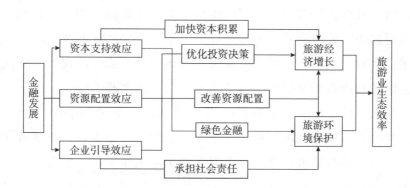

图6-1　资本效应对区域旅游业生态效率驱动机制

6.2.1.2　技术效应对区域旅游业生态效率的驱动机制

社会和经济活动的环境效应深受技术变革速率和方向的影响，新技术既可能产生或加剧污染，又可能减缓或取代现存的污染活动（黄建欢，2016）。故技术可能存在"回弹效应"（Khazzom，1980）：生产技术的进步一方面有利于降低能源消耗和开支，从而降低环境污染程度；另一方面技术的发展也推动了经济增长，进而可能导致对资源产生更多需求，导致资源消耗量增长，从而对环境产生更严重的负面影响。在本书中，技术效应对区域旅游业具有显著的正面驱动作用，且通过回归系数可以发现技术效应作用的强度大于资本作用，尤其是单位 GDP 能源消耗水平的改进能够更快地提升区域旅游效率。因此，通过技术创新与技术进步实现旅游业能源消耗的降低是提高区域旅游业生态效率的核心路径。

6.2.1.3 规模效应对区域旅游业生态效率的驱动机制

规模效应对区域旅游业生态效率的影响主要表现在区域旅游总人数上。这一规模效应说明旅游人数的增加会带来生态效率的下降，原因在于游客消费的生态效率偏低。因此，区域旅游业规模效应的负面影响需要通过旅游消费生态效率的提升改善，根据对消费生态效率的驱动因素分析，随着消费水平的提高，降低能源消耗与减少景区内停留时间的边际效应递减，因而针对不同消费水平的人群要实施不同的对策，针对大众旅游消费型的景区，低碳产品与服务的设计、景区游览路线的合理布局是提升旅游消费生态效率的主要手段。

综上，通过对区域旅游业生态效率空间分异的影响因素分析发现，社会文明程度与区位条件是主要影响因素。根据新经济地理学理论，社会文明程度可以进一步提高人地关系的协调性，实现人与自然和谐发展；交通条件的影响作用是由旅游业旅游消费的客源流动性决定的，旅游业的发展对交通条件要求更高，交通条件可以增加资本可进入性，降低能源消耗水平，交通条件可以同时通过技术效应与资本效应作用于旅游业生态经济系统，提高区域旅游业生态效率。科技发展也可以推进能源与环保技术效应的实现，提高资本流通效率，进而影响区域旅游业生态效率；产业结构主要实现能源消耗的降低，提高技术效应；城镇化主要可以提升资本利用效率，增强资本效应。区域旅游业生态效率驱动机制如图 6-2 所示。

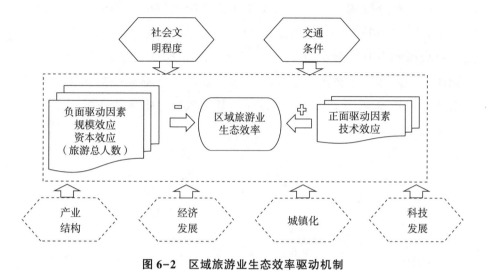

图 6-2　区域旅游业生态效率驱动机制

6.2.2　中观层面：旅游行业部门生态效率驱动机制

6.2.2.1　星级饭店生态效率驱动机制

星级饭店作为生态经济系统的部门，消费形式与产品不同于旅游业其他部门，能源和物质消耗相对集中，也是旅游业二氧化碳的重要来源(李鹏，2013)。通过对星级饭店生态效率内部驱动因素和外部影响因素(见图 6-3)的分析发现，技术效应、规模效应与结构效应分别作用于星级饭店各生态效率、直接碳排放生态效率、完全碳排放生态效率，对其他效率并没有直接作用。说明星级饭店与其他产业的关联较为紧密，中间投入产出对生态环境影响较为鲜明。星级饭店外部影响因素较多，且外部影响因素均通过技术效应实现对星级饭店完全碳排放生态效率的驱动。因此，技术创新与技术进步有更多的路径选择实现对星级饭店生态效率的提升。从产业经济学来看，结构效应主要是产业结构高度化下对重要产业比重的提升效应和产业技术进步效应，以及产业结构合理化下对产业间要素配置效应与产业专业化效应（林毅夫，2012），可以看出，调整产业的结构因素有太多的阻力。资本效应虽然没有外界关联的影响因素，但资本投入相对更容易控制。因此，一方面，星级饭店的生态效率可以通过外部环境的相关因素的改善实现技术驱动效应；另一方面，其可以通过资本投入的增加实现对生态效率的提升。

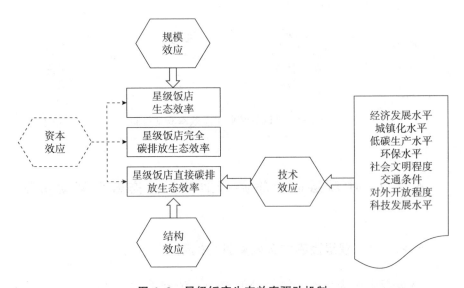

图 6-3　星级饭店生态效率驱动机制

6.2.2.2　旅行社生态效率驱动机制

旅行社是旅游业的核心部门，也是旅游产品的直接包装与销售部门，旅行社可以提供完整的旅游产品（李天元、王连义，1999）。根据本书对甘肃省旅行社生态效率的驱动因素和外部影响因素分析，规模效应和资本效应是旅行社生态效率的潜在驱动因素，如图 6-4 所示。

规模效应一般对资本密集型产业具有相对显著的影响，但旅行社并非资本集中型产业，其产品弹性系数较高，故具有很高的边际报酬，因而旅行社生态效率在规模效应下可以实现提升。

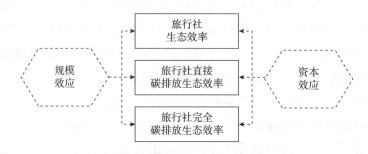

图 6-4　旅行社生态效率驱动机制

6.2.2.3　旅游景区生态效率驱动机制

旅游景区作为旅游业核心部门，是旅游产品的消费终端，也是旅游产品的直接供给方（李天元、王连义，1999），一个旅游景区可以承载旅游业生态经济系统的所有要素。因此，旅游景区与区域旅游业生态经济系统具有相似性，如图 6-2 和图 6-5 所示，科技发展水平和交通条件均为两者生态效率的重要外部影响因素。旅游景区生态效率驱动机制主要通过结构效应实现，外部影响因素科技发展水平与交通条件可以通过结构因素实现对旅游景区生态效率的驱动。

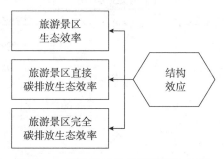

图 6-5　旅游景区生态效率驱动机制

6.2.3 微观层面：旅游景区消费生态效率驱动机制

上述区域与各部门旅游业生态效率驱动机制从产业供给角度出发，旅游景区消费生态效率是从需求角度出发，根据对不同消费水平的生态效率驱动因素分析可以发现，消费者能源消耗与停留时间是景区消费生态效率的主要驱动力，即通过降低能源消耗，减少游客景区有效停留时间是提高景区消费生态效率的主要途径。

从旅游经济学角度出发，游客在目的地停留时间越长越有利于目的地经济的发展，实证研究中发现景区附近停留时间越长对生态效率的提升越有利，但在景区内停留时间越长越不利。如图6-6所示，从各生态效率的回归系数也可看出，景区内停留时间对生态效率的影响随着消费水平的增加有所减弱，即边际效应递减。因而，针对低消费人群可以通过改善旅游产品、合理布局景区内游览路线提高景区游览效率，进而实现旅游消费的生态效率提升；但针对高消费人群，不主张将缩短景区内停留时间作为生态效率提高的手段。

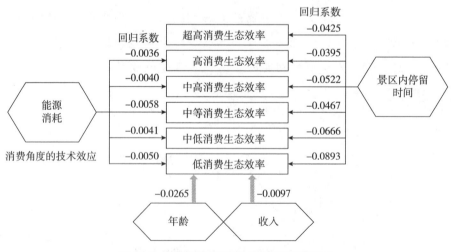

图6-6　旅游景区消费生态效率驱动机制

能源消耗是旅游景区消费生态效率的另一核心驱动因素，可以考虑作为技术效应的一种。低能耗旅游即低碳旅游，低碳旅游应该作为景区消费生态效率提升的主要路径选择。进一步地，促进景区消费生态效率的低碳旅游主要是低碳旅游产品与低碳旅游方式。

6.2.4　旅游业生态效率驱动机制

6.2.4.1　技术效应

技术效应主要作用于区域旅游业生态效率、星级饭店生态效率、旅游景区生态效率以及景区消费生态效率，表现为生态环保技术进步与技术创新，在旅游业中主要为低能耗、低排放的低碳旅游技术。可以通过旅游消费的低碳化引导、旅游方式的低碳化运作以及旅游资源低碳化开发来实现旅游业生态效率的提高。

6.2.4.2　结构效应

结构效应主要作用于星级饭店，可以表现为各部门在旅游业中的显示度，即收入占比。显示度可以通过不断加强该部门的经济效率，即单位投入的收入水平来提高收入占比，也可以通过外部环境与政策引导提高结构效应对旅游业生态效率的影响。

6.2.4.3　规模效应

规模效应主要作用于星级饭店生态效率，可以表现为旅游接待量的增加。可以通过星级饭店结合地方文化与资源，面向不同客源市场，进行多元产品开发与设计，提高星级饭店的知名度和美誉度，促进星级饭店国际化服务水平与现代信息技术和消费理念的结合，旅游各部门尤其是旅行社可以通过低碳产品与服务的设计，提高游览路线的布局合理性，进而提升旅游消费生态效率。

6.2.4.4 资本效应

资本效应可以作用于星级饭店与旅行社的生态效率，可以表现为金融体系的不断完善，包括对经济系统运行效率的提升，以及通过绿色金融引导绿色旅游产品开发与项目建设来提高旅游业生态效率。

旅游业生态效率驱动机制如图6-7所示。

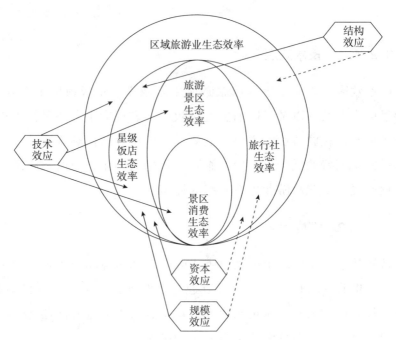

图6-7　旅游业生态效率驱动机制

6.3　基于生态效率的旅游业绿色发展模式

基于生态效率的旅游业绿色发展模式（见图6-8）是对"绿水青山就是金山银山"理论的具体践行，绿色发展模式中"绿色"的内涵是"绿水青山"，是旅游业生态系统建设的最高标准。绿色发展模式中

"发展"的内涵是"金山银山",是旅游业经济系统建设的最高标准。旅游业的绿色与发展是双向的发展逻辑。"绿色"是以旅游资源为基础,通过低碳产品与服务技术形成生态旅游产品,提升生态系统服务价值;"发展"是旅游业经济系统的有序运行,是各要素的节约、合理、高效配置,以市场手段实现旅游资源的可持续利用,实现区域绿色产业、绿色消费体系的构建,推动区域绿色发展。

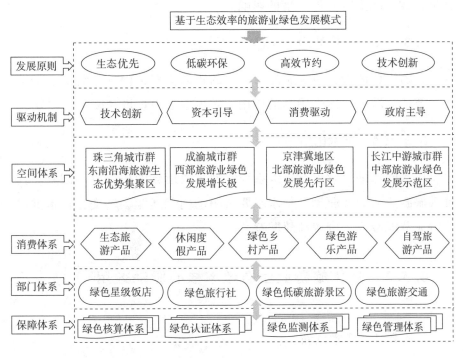

图 6-8　基于生态效率的旅游业绿色发展模式

6.3.1　发展原则

6.3.1.1　生态优先

旅游资源开发要遵循自然规律,坚持人与自然的和谐共生,坚持

"绿水青山就是金山银山"的发展理念，严守生态红线，维护生态系统平衡。

6.3.1.2　低碳环保

将旅游活动带来的负面影响控制在生态环境可承载的范围内，提倡并宣传绿色出行，在保障游客旅游质量的同时，尽可能地降低二氧化碳排放，减少对外界环境的影响。

6.3.1.3　高效节约

鼓励绿色消费，减少旅游活动中的资源浪费，倡导旅游消费的节水、节能，减少一次性用品的使用，减少旅游中垃圾和废水的排放。

6.3.1.4　技术创新

技术创新是旅游生态经济系统实现高效运转的核心驱动因素，其推动旅游业从资源驱动和低水平要素驱动向创新驱动转变，技术推进旅游业节能减排、资源高效配置。

6.3.2　强化旅游业生态效率核心驱动效用

6.3.2.1　技术创新

通过技术创新，降低旅游活动能源消耗，提高旅游资源配置效率。通过上述研究发现，技术效应对旅游业宏观区域旅游业、中观旅游行业部门、微观旅游景区消费均有一定的影响。因此，以技术创新为核心的技术效应是旅游业生态效率提升的核心驱动因素。技术依托的绿色旅游发展模式强调旅游产品的低能耗，对旅游活动与路线的设计充分考虑低能环保，考虑对阳光、空气、水的循环利用，综合使用太阳能、风能、生物能等可再生资源，通过技术进步，推进旅游活动的零碳排放、低能源消耗、新能源利用。同时，技术进步与创新还应综合考虑旅游业经济系统的运行效率，实现技术对旅游资源配置的高效利用，提升旅游资源的生态服务价值，利用技术效应提高旅游业生态经济系统的运行效率。

6.3.2.2　资本引导

通过资本引导，优化旅游业投资速率，促进金融服务绿色旅游发展。通过上述研究发现，资本效应可以作用于星级饭店与旅行社生态效率。因此，利用金融体系实现资本对旅游业的支持效应，通过"绿色金融"促使旅游企业，尤其是饭店在经营时更加注重减少经营活动对环境产生的影响，引导更多的社会资源向污染少、技术和知识密集度高的旅游行业和企业集中，培养企业社会责任意识，利用资本效应对星级饭店的驱动效应，引导资本在旅行社与旅游景区等部门的绿色金融服务，提高旅游业生态效率水平，在促进经济增长的同时，加大环境保护的力度。

6.3.2.3　旅游消费绿色化

以旅游消费绿色化为核心驱动，鼓励绿色旅游出行，加强绿色旅游的教育与实践。通过上述研究发现，能源消耗是旅游消费的核心驱动因素。因此，应提倡绿色旅游方式，倡导绿色旅游出行，充分利用现代媒介与现代信息技术宣传绿色旅游出行，进一步结合技术进步，倡导饭店等部门对绿色循环旅游产品的消费，限制高能耗产品的使用，通过绿色消费理念、绿色消费产品与活动的综合利用，提高公众对绿色旅游的认知。

6.3.2.4　政府介入

通过政府介入，调控优化外部环境，以政策扶持绿色旅游发展。通过上述研究发现，结构效应是星级饭店、旅行社与旅游景区生态效率的主要驱动因素。可以通过外部环境优化与政策引导实现结构效应对旅游业生态效率的驱动影响。因此，政府的参与能够广泛发挥其协调能力，通过对外部环境的控制与引导，以及税收等政策，提高外部环境作用下的结构效应，促进旅游业生态经济系统的绿色发展。

6.3.3 基于区域旅游业生态效率时空格局，优化全国旅游业空间布局

通过研究发现，旅游业生态效率较高的省份出现在生态环境本底较好的西南地区与经济发展水平较高的东南沿海地区，东北地区与华北沿海地区旅游业生态效率的提高对全国格局具有较大的影响。因此，未来应该以东南沿海为优势集聚区，建设西部旅游业绿色发展增长极、北部旅游业绿色发展先行区、中部旅游业绿色发展示范区，以实现全国旅游业空间布局优化。

第一，继续发挥东南沿海旅游业生态效率优势，建设生态优势集聚区。打造以珠三角城市群为核心的东南沿海旅游生态优势集聚区。东南沿海地区是旅游业高生态效率地区，未来应着重提高珠三角城市群对周边地区的辐射带动作用，充分借助粤港澳大湾区建设，创新出入境旅游方式，提升旅游国际化水平，率先推进旅游服务与产品的绿色生产与供给，优化旅游绿色消费水平，全面提升周边区域旅游业生态经济系统的运行效率。

第二，以保护为先，持续提升生态本底良好的西部地区的旅游业生态效率，建设西部旅游业绿色发展增长极。建设以成渝城市群为核心的西部旅游绿色发展增长极。作为以生态本底为基础的高生态效率地区，成渝地区未来应充分发挥长江经济带的生态廊道功能，依托川渝特色生态和文化，不断提高经济发展的综合效率水平，加快人流、物流、信息流等要素流通，提高对周边地区的辐射带动作用，成为西部旅游业绿色发展的增长极。

第三，降低北方地区旅游业的能源消耗水平，提升北方地区旅游业生态效率，建设北部旅游业绿色发展先行区。建设以京津冀为核心的北部旅游业绿色发展先行区。作为我国旅游业低生态效率的东北、华北、西北地区，紧抓"一带一路"倡议的绿色发展机遇（董锁成，2017），充分利用京津冀地区的技术与资本优势，通过技术创新，不断促进旅游业高效节能发展，通过绿色金融手段引导资本投入，推进京津冀地区旅游业绿色发展，打造北部旅游业绿色发展示范区。

第四，平衡保护与发展，全面优化中部地区生态效率水平，建设中部旅游业绿色发展示范区。建设以长江中游城市群为核心的中部旅游业绿色发展示范区。中部地区生态本底较好，生态效率提升潜力巨大。在高铁经济的带动下，依托长江黄金水道，充分发挥立体交通网络优势，建设成连接东西、辐射南北的旅游业绿色发展示范区。

6.3.4　设计绿色旅游产品体系，提升旅游消费生态效率

通过对景区旅游消费生态效率的实证分析发现，旅游消费生态效率与游客的停留时间、受教育程度、收入水平、旅游消费水平、绿色旅游认知与支付意愿具有显著的相关性。因此，应通过绿色旅游产品设计，调节景区内外旅游消费停留时间，细分并优化目标游客市场的教育结构与收入水平，强化游客对绿色旅游的认知，提高游客对绿色旅游的意愿，全面提升旅游消费生态效率。具体措施包括：

第一，提高绿色节能环保技术在旅游产品开发中的应用，加快生态旅游产品开发。以生态环境保护为基础，推进各类生态廊道与风景道建设，打造生态体验精品线路，拓展以森林公园、湿地公园、沙漠公园等为重点的绿色生态空间。

第二，加大绿色环保型建筑在旅游业开发中的建设力度，开发绿色休闲度假产品。以温泉、森林、冰雪、滨海等生态环境为旅游资

源，开发绿色、低碳、节能、环保型基础设施与休闲度假项目的绿色休闲度假产品，引导游客绿色消费。

第三，加强乡村节能环保项目的开展，开发乡村绿色旅游产品。推进乡村环境整治，改造乡村基础设施，加强节能环保型项目与产品在乡村旅游中的应用，并着力开发乡村绿色土特产品，建设美丽乡村。

第四，通过科技创新提高游乐产品的消费品位，推进自然教育科普类游乐项目，开发绿色游乐产品。推进景区和目的地游乐项目的绿色改造，清理对环境影响大、能源消耗大或排放量大的游乐项目，通过科技创新开发低能耗、绿色、环保的旅游游乐产品。

第五，完善绿色公共服务设施，开发绿色自驾旅游产品。开发节能节水节地的自驾车旅游线路与旅游目的地，增强清洁型私家车与旅居车的配套服务能力，形成智慧绿色行自驾车与旅居车旅游服务网络。

6.3.5 推动旅游行业部门绿色发展，提高旅游行业部门生态效率

6.3.5.1 星级饭店的绿色发展

将绿色发展理念融入星级饭店建设，实施房价与水电等资源能源消费相关联，减少一次性用品的使用。

6.3.5.2 旅行社的绿色发展

实现线下线上旅行社对旅游要素的统领和引导作用，推行绿色旅游线路和旅游产品，对绿色旅游产品和旅游线路增设额外游客补贴与优惠，推行绿色消费理念。

6.3.5.3 旅游景区的绿色发展

开展旅游景区循环示范项目，建设节能环保的绿色低碳旅游景

区，对旅游景区相应基础设施进行改造，根据旅游景区功能与特征分别建设节水型旅游景区、节能型旅游景区、绿色建筑型旅游景区、环保型旅游景区等，加强对不同类型旅游景区的分类指导。

6.3.5.4　旅游交通的绿色发展

推动旅游交通绿色化、低碳化，考虑在旅游景点、景区和目的地实行低碳化交通出行，推进旅游目的地公共交通建设，推广骑行、步行等绿色生态出行方式。

6.3.6　完善提升生态效率的保障体系，建立旅游业绿色发展体制机制

6.3.6.1　绿色核算体系建设

完善现有旅游业统计体制，除现有经济核算制度，还应建立包括生态环境核算的绿色核算体系，包括旅游业能源消耗、水资源消耗、废水排放、垃圾排放、二氧化硫排放、碳排放等生态环境指标。

6.3.6.2　绿色旅游认证体系建设

建立绿色星级饭店、绿色旅游景区、绿色旅行社、绿色旅游线路、绿色交通等绿色认证标准，推行绿色旅游产品和绿色旅游服务认证制度，引导旅游行业与旅游企业绿色化发展。

6.3.6.3　绿色监测体系建设

对生态环境脆弱的旅游目的地实行实时绿色监测制度，对生态环境指标进行实时跟测，并根据旅游目的地的生态承载能力实时预警旅游接待流量，控制游客对旅游目的地生态环境的影响。

6.3.6.4 绿色管理体系建设

通过生态补偿、旅游环境税、旅游碳交易平台建设等行政手段和经济手段相结合的方式对旅游业实行绿色管理。通过旅游项目的监管与环评机制的建立,综合调控旅游项目绿色发展。

6.4 本章小结

本章对比分析了不同尺度下旅游业生态效率的分布特征,总结了宏观区域旅游业,中观星级饭店、旅行社与旅游景区等旅游部门,微观景区旅游消费三个层面的生态效率驱动机制,并构建了旅游业生态效率驱动机制图谱,认为资本效应、技术效应、结构效应与规模效应通过不同的影响轨迹作用于不同尺度的旅游业生态效率,在此基础上总结了以生态优先、低碳环保、高效节约、技术创新为原则的旅游业绿色发展模式。包括:强化旅游业生态效率核心驱动;基于区域旅游业生态效率时空格局,优化全国旅游业空间布局;设计绿色旅游产品体系,提升旅游消费生态效率;推动旅游行业部门绿色发展,提高旅游业各行业部门生态效率;完善生态效率提升的保障体系,建立旅游业绿色发展体制机制。

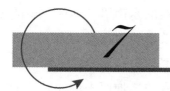

结论与展望

7.1　主要结论

7.1.1　本书主要结论

第一，在三个尺度之间开展生态效率比较研究，是从空间、时间以及消费行为等不同维度系统地对旅游业生态效率一般规律的探索。旅游业生态效率是指旅游业及其核心部门通过劳动力、资本、资源、能源等投入，为游客提供交通出行、住宿、游览、娱乐等服务与产品的经济产出，以及对生态的影响和对环境的污染的投入产出关系。评价对象包括宏观区域旅游业、中观旅游行业部门和微观旅游景区消费三个尺度。投入产出指标体系是旅游业生态效率评价的基础，包括劳动力、资本、收入等经济系统投入产出，以及能源、水资源、废水、垃圾、废气、碳排放等生态环境系统投入产出。宏观尺度是对不同省份的相对生态效率分析，中观尺度是对不同年份和不同行业部门的相对生态效率分析，微观尺度是相同时空节点不同消费行为的相对效率分析。

第二，1997~2016 年全国旅游业生态效率整体呈下降态势，旅游业处于粗放的高速发展阶段。旅游业生态效率较高的省份出现在生态环境本底较好的西南地区与经济发展水平较高的东南沿海地区。旅游业低生态效率地区呈现扩散的态势，高生态效率地区没有空间溢出效应。东北地区与华北沿海地区旅游业生态效率的提高对全国格局的影响较大。旅游业生态效率表现出随着旅游收入的增加而先增加后减少的倒"U"形发展态势。资本效应通过资本支持、资源配置、企业改变其对区域旅游业生态效率的作用方向，技术效应通过降低能源消耗实现对区域旅游业生态效率的驱动作用，交通条件与社会文明程度是区域旅游产业生态效率提高的外部驱动力。

第三，甘肃省旅游业及各部门生态效率演变轨迹呈现一定的正"U"形发展态势。星级饭店碳排放的增加主要来自中间生产环节，其生态效率水平高于其他部门的生态效率水平，环境负外部性较高的低谷期多出现在2000~2006年，星级饭店的生态经济系统相对发展得均衡协调，规模、技术、结构作为星级饭店生态效率的核心驱动因素，其游客结构与产品服务质量的提升是改善星级饭店生态效率的主要途径。旅行社碳排放更多来自最终生产环节，各生态效率演化均较为波动，外在环境对旅行社生态效率影响较大，2003~2009年处于"U"形的低谷区，当提高与其他产业的关联时，旅行社生态经济系统表现出更高效率的运行与发展，作为具有较高边际报酬的旅行社，潜在驱动力主要体现在与产业经济系统高度相关的规模和资本效应上。旅游景区最终生产的碳排放和中间生产的碳排放均高于星级饭店和旅行社，生态效率的波动较星级饭店与旅行社更为激烈，生态经济系统相比其他部门运行不稳定，对生态环境影响较大，因此，要通过旅游景区低碳产品与服务的研发与推广，提高旅游景区低碳发展水平，进而提升旅游景区生态效率。

第四，景区旅游消费生态效率整体水平较低，能源消耗与景区内停留时间是主要的驱动因素，但随着消费水平增加而边际效应递减。景区旅游消费生态效率整体分布处于0.4以下的较低水平。分布呈底部低效率分布多、顶部高效率分布少的金字塔形。景区附近停留时间越长生态效率水平越高，而景区内停留时间越长生态效率水平越低。游客收入与旅游花费的提高均有利于景区生态效率的提高。游客绿色旅游认知水平越高，支付意愿越强，旅游消费生态效率水平就越高。降低能源消耗，提供低碳旅游产品与配套服务设施，减少游客景区内停留时间是景区消费生态效率改进的重要途径。

第五，为扭转我国旅游业生态效率下降的局面，推动旅游业绿色转型，必须实施以"资本效应、技术效应、结构效应与规模效应"为核心驱动，坚持"生态优先、低碳环保、高效节约、技术创新"的原则，推进旅游业可持续发展的绿色发展模式。具体如下：其一，通过技术创新，降低旅游活动能源消耗，提高旅游资源配置效率。其二，通过资本引导，优化旅游业投资速率，促进金融服务绿色旅游发展。其三，通过消费驱动，鼓励绿色旅游出行，提高绿色旅游的认识与实践。其四，通过政府主导，控制优化外部环境，以政策扶持绿色旅游发展。其五，打造珠三角城市群东南沿海旅游生态优势集聚区、成渝城市群西部旅游业绿色发展增长极、京津冀北部旅游业绿色发展先行区、长江中游城市群中部旅游业绿色发展示范区，优化全国旅游业空间布局，推动全国区域旅游业生态效率均衡发展。其六，构建绿色产品体系，提升旅游消费生态效率，推动实施星级饭店、旅行社、旅游景区与旅游交通的绿色发展。

7.1.2 本研究待提高之处

旅游业作为生态经济系统，具有边界不清、运行机理复杂、构成要素繁杂等特征，生态效率是生态经济系统评价的重要指标，在研究对生态经济学相关理论的掌握与知识结构有很高的要求。因此，本研究在以下方面有待提高：

其一，旅游业生态效率的研究应该在完善的旅游业生态经济系统构建上实现，但本书对旅游业生态经济系统的研究尚不够深入，对旅游业作为生态经济系统的一般运行规律与特征的研究尚有不足。这是下一步旅游业生态效率深入研究的基础。

其二，微观景区消费生态效率评价是本书的创新之处，但目前对游客消费行为与生态效率之间的关系的挖掘不够深入，下一步可以通过结构方程模型，从游客对生态效率感知角度，更深入地揭示旅游消费生态效率的内涵与机理。

7.2　讨论与展望

旅游业生态效率的内涵与研究框架是本书重要的研究理论基础，本书通过梳理现有对旅游业生态效率的定义，系统地总结并阐述了旅游业生态效率的基本概念与理论内涵，构建了宏观区域旅游业、中观旅游行业部门、微观景区旅游消费三个尺度的旅游业生态效率研究框架，是对旅游业可持续发展研究的创新。三个尺度旅游生态经济系统具有类似的发展共性特征，也具有各自不同的发展差异性。本书从研究整体性和完整性角度出发，以发展共性研究为基础，在未来的旅游业生态效率研究中，可以从不同尺度的发展差异研究入手，深入分析单一尺度的旅游业生态效率，揭示其一般规律，探索其驱动机制，以更具针对性地提出旅游业绿色发展的优化调控对策。

本书通过对宏观区域旅游业生态效率的实证分析，发现旅游业生态效率水平整体呈下降趋势，旅游业生态效率与旅游经济发展之间的关系呈倒"U"形曲线，表现出随着旅游收入的增加先升高后下降的发展态势，与其他产业和生态环境之间的互动规律有所不同，并和环境库兹涅茨理论相悖，这也进一步揭示了旅游业不同于一般产业的发展特质。未来可以进一步挖掘旅游业发展的自身特征，分析旅游业与生态环境的互动关系，分析不同发展阶段对生态系统的压力与影响，实现对不同旅游业阶段的绿色发展的指导与调控。

本书对旅游部门的碳排放生态效率研究是中观旅游生态经济系统对全球气候变化影响的实证分析，研究发现星级饭店生态效率水平高于其他部门，这是由于其经济系统更为稳健与完备，系统边界相对清晰，有利于揭示其经济系统与生态系统的相互作用，未来可以进一步分析区域旅游部门生态效率时空演化规律，与区域旅游产业发展时空规律进行对比，揭示星级饭店生态经济系统的发展特性，以便更有针对性地总结星级饭店绿色发展模式。

本书对微观景区旅游消费的生态效率研究从需求角度出发，从旅游者的消费行为着手，更完整地揭示了旅游业供需经济系统与生态系统的相互作用强度。研究发现，能源消耗和景区内停留时间对景区旅游消费生态效率的影响存在边际效用递减规律。未来可以利用互联网大数据手段或数据资料，综合分析评价生态效率的驱动因素与影响因素，分析各因素作用水平与强度，以更深入地揭示微观景区消费旅游业生态效率的驱动机制，探索旅游业微观企业生态效率提升的路径。

本书在三个尺度的旅游业生态效率实证分析的基础上，总结了不同尺度旅游业生态效率的一般规律，构建了旅游业生态效率驱动机制图谱，总结了以"生态优先、低碳环保、高效节约、技术创新"为原则的旅游业绿色发展模式。未来可以利用系统动力学、可计算的一般均衡（CGE）等数学模型，深入、系统地揭示不同尺度旅游业生态效率驱动机制的调控路径，以模拟不同情境下的旅游业生态效率发展轨迹，从而更具体地提出旅游业生态效率优化调控对策。

参考文献

［1］卜洪运，崔雪飞，李红莲. 京津冀生态经济效率测度及内部视角下影响因素研究：基于全局参比的 US-SBM 模型［J］. 生态经济，2017（5）：88-94.

［2］曹芳东，黄震方，余凤龙，等. 国家级风景名胜区旅游效率空间格局动态演化及其驱动机制［J］. 地理研究，2014（6）：1151-1166.

［3］曹芳东，黄震方，徐敏，等. 风景名胜区旅游效率及其分解效率的时空格局与影响因素：基于 Bootstrap-DEA 模型的分析方法［J］. 地理研究，2015（12）：2395-2408.

［4］沈体雁，冯等田，孙铁山. 空间计量经济学［M］. 北京：北京大学出版社，2010.

［5］陈才. 区域经济地理学［M］. 北京：科学出版社，2009.

［6］陈黎明，王文平，王斌. "两横三纵"城市化地区的经济效率、环境效率和生态效率：基于混合方向性距离函数和合图法的实证分析［J］. 中国软科学，2015（2）：96-109.

［7］陈强. 高级计量经济学及 Stata 应用［M］. 北京：高等教育出版社，2014.

［8］陈新华，方凯，刘洁. 科技进步对广东省生态效率的影响及作用机制［J］. 科技管理研究，2017（1）：82-87.

［9］陈阳，穆怀中. 中国农业生态效率测算及影响因素研究［J］. 统计与决策，2022，38（23）：101-106.

［10］崔功豪. 区域分析与区域规划［M］. 北京：高等教育出版

社，2006.

[11]丁悦，蔡建明，任周鹏，等.基于地理探测器的国家级经济技术开发区经济增长率空间分异及影响因素[J].地理科学进展，2014(5)：657-666.

[12]董锁成，徐琳，齐晓明，等.甘肃省旅游业发展定位与战略模式研究[J].开发研究，2007(2)：86-91.

[13]董锁成."一带一路"绿色发展模式与对策[N].中国经济时报，2017-05-11(005).

[14]董雪旺.基于投入产出分析的区域旅游业碳足迹测度研究[D].南京：南京大学，2011.

[15]董雪旺，张捷，章锦河，等.区域旅游业碳排放和旅游消费碳足迹研究述评[J].生态学报，2016(2)：554-568.

[16]付丽娜，陈晓红，冷智花.基于超效率DEA模型的城市群生态效率研究：以长株潭"3+5"城市群为例[J].中国人口·资源与环境，2013(4)：169-175.

[17]傅伯杰，周国逸，白永飞，等.中国主要陆地生态系统服务功能与生态安全[J].地球科学进展，2009，24(6)：571-576.

[18]关伟，许淑婷.中国能源生态效率的空间格局与空间效应[J].地理学报，2015(6)：980-992.

[19]国家统计局.国家旅游及相关产业统计分类表[J].中华人民共和国国务院公报，2015(33)：48-51.

[20]郭丽佳，李畅，彭红松，等.节能减排约束下中国省域旅游生态效率评估及空间格局研究[J].地理科学进展，2021，40(8)：1284-1297.

[21]龚书婕，纪思颖.基于能值分析的安徽省农业生态效率研究[J].安徽农学通报，2023，29(13)：135-143.

[22]赫尔曼·E.达利，小约翰·B.柯布.21世纪生态经济学[M].北京：中央编译出版社，2015.

［23］洪铮，王林，章成. 绿色发展背景下区域旅游生态效率影响因素：以西部地区为例［J］. 生态学报，2021，41（9）：3512-3524.

［24］黄昶生，程珊珊. 青岛市生态文明建设效率实证研究：基于非期望产出 SBM 模型［J］. 资源开发与市场，2017（8）：905-911.

［25］黄建欢，吕海龙，王良健. 金融发展影响区域绿色发展的机理：基于生态效率和空间计量的研究［J］. 地理研究，2014（3）：532-545.

［26］黄建欢. 区域异质性、生态效率与绿色发展［M］. 北京：中国社会科学出版社，2016.

［27］黄永斌，董锁成，白永平. 中国城市紧凑度与城市效率关系的时空特征［J］. 中国人口·资源与环境，2015（3）：64-73.

［28］蒋素梅，幸岭. 旅游业生态效率研究：以昆明市为例［J］. 旅游研究，2014（2）：14-19.

［29］李江帆，李美云. 旅游产业与旅游增加值的测算［J］. 旅游学刊，1999（5）：16-19.

［30］李亮，赵磊. 中国旅游发展效率及其影响因素的实证研究：基于随机前沿分析方法（SFA）［J］. 经济管理，2013（2）：124-134.

［31］李鹏. 旅游业生态效率［M］. 北京：科学出版社，2013.

［32］李鹏，李天英. 旅游生态效率的思想基础、分析作用与理论局限［J］. 旅游研究，2017（6）：4-8.

［33］李鹏，杨桂华，郑彪，等. 基于温室气体排放的云南香格里拉旅游线路产品生态效率［J］. 生态学报，2008（5）：2207-2219.

［34］李瑞，吴殿廷，殷红梅，等. 2000 年以来中国东部四大沿海城市群城市旅游业发展效率的综合测度与时空特征［J］. 地理研究，2014（5）：961-977.

［35］李天元，王连义. 旅游学概论（修订本）［M］. 天津：南开大学出版社，1999.

［36］李小建. 经济地理学（第二版）［M］. 北京：高等教育出版

社，2006.

[37]李鑫，杨新军，孙丕苓.不同类型景区生态效率比较研究：以华山风景区与大唐芙蓉园为例[J].生态经济(学术版)，2013(2)：290-295.

[38]李雪，李善同，董锁成.青岛市旅游地域系统演化时空维分析[J].中国人口·资源与环境，2011，21(S2)：246-249.

[39]林毅夫，孙希芳，姜烨.经济发展中的最优金融结构理论初探[J].经济研究，2009，44(8)：4-17.

[40]林毅夫.新结构经济学[M].北京：北京大学出版社，2012.

[41]刘军，马勇.旅游可持续发展的视角：旅游生态效率的一个综述[J].旅游学刊，2017(9)：47-56.

[42]刘彦随，李进涛.中国县域农村贫困化分异机制的地理探测与优化决策[J].地理学报，2017(1)：161-173.

[43]刘长生.低碳旅游服务提供效率评价研究：以张家界景区环保交通为例[J].旅游学刊，2012(3)：90-98.

[44]刘志成，张晨成.我国茶叶产业生态效率与生产效率评价研究：基于DEA方法的实证分析[J].生态科学，2017(1)：111-117.

[45]刘志宏.张掖丹霞 穿越古今的大美[J].资源导刊，2016(10)：50-52.

[46]卢燕群，袁鹏.中国省域工业生态效率及影响因素的空间计量分析[J].资源科学，2017(7)：1326-1337.

[47]陆砚池，方世明.基于SBM-DEA和Malmquist模型的武汉城市圈城市建设用地生态效率时空演变及其影响因素分析[J].长江流域资源与环境，2017(10)：1575-1586.

[48]吕晨，蓝修婷，孙威.地理探测器方法下北京市人口空间格局变化与自然因素的关系研究[J].自然资源学报，2017(8)：1385-1397.

[49]马勇，刘军.绿色发展背景下旅游生态效率的核心价值及提

升策略[J]. 旅游学刊，2016（9）：1-3.

[50]马占新，马生昀，包斯琴高娃. 数据包络分析及其应用案例[M]. 北京：科学出版社，2013.

[51]彭红松，章锦河，韩娅，等. 旅游地生态效率测度的 SBM-DEA 模型及实证分析[J]. 生态学报，2017（2）：1-11.

[52]R.哈特向.地理学性质的透视[M].黎樵，译.北京:商务印书馆,2011.

[53]任海军，姚银环. 资源依赖视角下环境规制对生态效率的影响分析：基于 SBM 超效率模型[J]. 软科学，2016（6）：35-38.

[54]任宇飞，方创琳. 京津冀城市群县域尺度生态效率评价及空间格局分析[J]. 地理科学进展，2017（1）：87-98.

[55]石培华，吴普. 中国旅游业能源消耗与 CO_2 排放量的初步估算[J]. 地理学报，2011，66（2）：235-243.

[56]舒卫英，方磊，张水芳. 基于 DEA 的滨海生态旅游效率研究：以宁波市为例[J]. 浙江万里学院学报，2014（4）：9-15.

[57]孙黄平，黄震方，徐冬冬，等. 泛长三角城市群城镇化与生态环境耦合的空间特征与驱动机制[J]. 经济地理，2017（2）：163-170，186.

[58]孙景荣，张捷，章锦河，等. 中国区域旅行社业效率的空间分异研究[J]. 地理科学，2014（4）：430-437.

[59]唐丹，黄森慰，郑逸芳. 华东沿海地区生态经济效率的区域差异：基于 DEA-BCC 和 DEA-Malmquist 两步法的实证分析[J]. 山东工商学院学报，2017（1）：28-33.

[60]陶良虎. 中国低碳经济：面向未来的绿色产业革命[M]. 北京：研究出版社，2010.

[61]王劲峰. 空间数据分析教程[M]. 北京：科学出版社，2010.

[62]王劲峰，徐成东. 地理探测器：原理与展望[J]. 地理学报，2017（1）：116-134.

[63]王坤，黄震方，曹芳东. 中国旅游业碳排放效率的空间格局及其影响因素[J]. 生态学报，2015(21)：7150-7160.

[64]王如松，欧阳志云. 生态整合：人类可持续发展的科学方法[J]. 科学通报，1996，41(S1)：47-67.

[65]王少剑，王洋，蔺雪芹，等. 中国县域住宅价格的空间差异特征与影响机制[J]. 地理学报，2016(8)：1329-1342.

[66]王胜鹏，乔花芳，冯娟，等. 黄河流域旅游生态效率时空演化及其与旅游经济互动响应[J]. 经济地理，2020，40(5)：81-89.

[67]王松霈. 生态经济学[M]. 西安：陕西人民教育出版社，2000.

[68]王晓玲，方杏村. 东北老工业基地生态效率测度及影响因素研究：基于 DEA-Malmquist-Tobit 模型分析[J]. 生态经济，2017(5)：95-99.

[69]王梓瑛，王兆峰. 环境规制对旅游生态效率影响的时空异质性研究：以长江三角洲城市群为例[J]. 长江流域资源与环境，2022，31(4)：750-758.

[70]王兆峰，刘庆芳. 长江经济带旅游生态效率时空演变及其与旅游经济互动响应[J]. 自然资源学报，2019，34(9)：1945-1961.

[71]魏权龄. 数据包络分析(DEA)[M]. 北京：科学出版社，2000.

[72]魏权龄. 评价相对有效性的数据包络分析模型：DEA 和网络DEA[M]. 北京：中国人民大学出版社，2012.

[73]吴必虎. 旅游研究与旅游发展[M]. 北京：南开大学出版社，2009.

[74]夏艳清，李书音. 基于物质流分析的区域经济系统环境效率评价[J]. 资源科学，2017(9)：1670-1681.

[75]徐秀美，平措卓玛，胡淑卉. 雅鲁藏布大峡谷国家公园生态旅游经济系统健康水平测评：基于信息熵的视角[J]. 生态经济，

2017（10）：139-144.

［76］许旭．产业发展的资源环境效率演化及机制研究［D］．北京：中国科学院大学，2011.

［77］严茂超．生态经济学新论［M］．北京：中国致公出版社，2001.

［78］颜文洪，张朝枝．旅游环境学［M］．北京：科学出版社，2005.

［79］杨皓然，吴群．碳排放视角下的江苏省土地利用转型生态效率研究：基于混合方向性距离函数［J］．自然资源学报，2017（10）：1718-1730.

［80］杨絮飞．生态旅游的理论与实证研究［D］．长春：东北师范大学，2004.

［81］杨玉珍，闫佳笑，杨洋，等．黄河流域旅游生态效率时空演变及空间溢出效应：基于 73 个城市数据的分析［J］．生态学报，2022，42（20）：8202-8212.

［82］姚治国．低碳旅游生态效率研究［D］．天津：天津大学，2013.

［83］姚治国，陈田．旅游生态效率模型及其实证研究［J］．中国人口·资源与环境，2015（11）：113-120.

［84］姚治国，陈田．旅游生态效率研究进展［J］．旅游科学，2016（6）：74-91.

［85］姚治国，陈田，尹寿兵，等．区域旅游生态效率实证分析：以海南省为例［J］．地理科学，2016（3）：417-423.

［86］尹科．生态效率理念、方法及其在区域尺度的应用［M］．北京：经济科学出版社，2015.

［87］尹科，王如松，周传斌，等．国内外生态效率核算方法及其应用研究述评［J］．生态学报，2012（11）：3595-3605.

［88］臧正，邹欣庆．中国大陆省际生态—经济效率的时空格局及

其驱动因素[J]. 生态学报, 2016(11): 3300-3311.

[89]曾瑜皙, 钟林生, 虞虎. 碳排放影响下中国省域旅游效率损失度研究[J]. 生态学报, 2017, 37(22): 1-11, 7463-7473.

[90]查建平. 中国低碳旅游发展效率、减排潜力及减排路径[J]. 旅游学刊, 2016(9): 101-112.

[91]查建平, 王挺之. 环境约束条件下景区旅游效率与旅游生产率评估[J]. 中国人口·资源与环境, 2015(5): 92-99.

[92]张帆, 李东. 环境与自然资源经济学[M]. 上海: 上海人民出版社, 2007.

[93]张荷生, 崔振卿. 甘肃省张掖丹霞与彩色丘陵地貌的形成与景观特征[J]. 中国沙漠, 2007, 27(6): 942-945.

[94]张立华, 邢会. 京津冀制造业转型升级与生态效率互动关系研究: 基于匹配理论及分位数回归视角[J]. 生态经济, 2022, 38(12): 64-71.

[95]张敏, 李胡蓉, 阳小水. 国际旅游知识体系研究: 主题、趋势和框架: 基于 11 本国际权威期刊 2005~2014 年的样本分析[J]. 旅游学刊, 2017(8): 104-115.

[96]张晓娣. 生态效率变动的产业及要素推动: 基于投入产出和系统优化模型[J]. 自然资源学报, 2015(5): 748-760.

[97]郑慧, 贾珊, 赵昕. 新型城镇化背景下中国区域生态效率分析[J]. 资源科学, 2017(7): 1314-1325.

[98]钟林生. 可持续旅游发展历程与未来研究论题探讨[J]. 旅游学刊, 2014(3): 6-7.

[99]钟林生, 曾瑜皙. 绿色发展理念给我国旅游业带来的新论题[J]. 旅游学刊, 2016(10): 1-3.

[100]朱梅, 汪德根. 旅游生态效率优化中旅游者参与的困境及出路[J]. 旅游学刊, 2016(10): 11-13.

[101]AbdelAzim A I, Ibrahim A M, Aboul-Zahab E M. Development of

an energy efficiency rating system for existing buildings using Analytic Hierarchy Process-The case of Egypt[J].Renewable & Sustainable Energy Reviews,2017(71):414-425.

[102]Angelakoglou K,Gaidajis G.A review of methods contributing to the assessment of the environmental sustainability of industrial systems[J]. Journal of Cleaner Production,2015(108):725-747.

[103]Ayres R U,Nair I.Thermodynamics and economics[J].Physics Today,1984,37(11):62-71.

[104]Ba D,Zhang J,Dong S,et al.Spatial-temporal characteristics and driving factors of the eco-efficiency of tourist hotels in China[J].International Journal of Environmental Research and Public Health,2022(19):11515.

[105]Becken S,Simmons D G,Frampton C.Energy use associated with different travel choices[J].Tourism Management,2003,24(3):267-277.

[106]Beltran-Esteve M,Picazo-Tadeo A J.Assessing environmental performance in the European Union:Ecoinnovation versus catching-up[J]. Energy Policy,2017(104):240-252.

[107]Ben Jebli M,Ben Youssef S,Apergis N.The dynamic interaction between combustible renewables and waste consumption and international tourism:The case of Tunisia [J]. Environmental Science and Pollution Research,2015,22(16):12050-12061.

[108]Budeanu A.Environmental supply chain management in tourism: The case of large tour operators[J].Journal of Cleaner Production,2009, 17(16):1385-1392.

[109]Cadarso M A,Gomez N,Lopez L A,et al.Calculating tourism's carbon footprint:Measuring the impact of investments[J].Journal of Cleaner Production,2016(111):529-537.

[110]Caiado R G G,Dias R D,Mattos L V,et al.Towards sustainable development through the perspective of eco-efficiency:A systematic literature

review[J].Journal of Cleaner Production,2017(165):890-904.

[111]Camioto F D,Moralles H F,Mariano E B,et al.Energy efficiency analysis of G7 and BRICS considering total-factor structure[J].Journal of Cleaner Production,2016(122):67-77.

[112] Caneghem J V, Block C, Cramm P, et al. Improving eco-efficiency in the steel industry:The ArcelorMittal Gent case[J].Journal of Cleaner Production,2010,18(8):807-814.

[113]Cerutti A K,Beccaro G L,Bruun S,et al.Assessment methods for sustainable tourism declarations:the case of holiday farms[J].Journal of Cleaner Production,2016(111):511-519.

[114]Chen N C,Xu L,Chen Z G.Environmental efficiency analysis of the Yangtze River Economic Zone using super efficiency data envelopment analysis (SEDEA) and tobit models[J].Energy,2017(134):659-671.

[115]Chen Q,Zheng L,Wang Y,et al.A comparative study on urban land use eco-efficiency of Yangtze and Yellow rivers in China:from the perspective of spatiotemporal heterogeneity, spatial transition and driving factors[J].Ecological Indicators,2023,151:1-13.

[116]Cooper W W,Tone K,Seiford L M.Data envelopment analysis:A comprehensive text with models, applications references, and DEA-Solver software with cdrom[M].Dordrecht:Kluwer Academic Publishers,1999.

[117] Costanza R, Daly H E, Bartholomew J A. Goals, agenda and policy recommendations for ecological economics[A].In:Costanza R ed. Ecological Economics:the Science and Managenent of Sustainability[C]. New York:Columbia University Press, 1991.

[118]Dahlstrom K,Ekins P.Eco-efficiency trends in the UK steel and aluminum industries:Differences between resource efficiency and resource productivity[J].Journal of Industrial Ecology,2005,9(4):171-188.

[119]Dai Z M,Guo L,Jiang Z Y.Study on the industrial eco-efficiency

in East China based on the super efficiency DEA model:An example of the 2003-2013 panel data[J].Applied Economics,2016,48(59):5779-5785.

[120] Dedeke A. Creating sustainable tourism ventures in protected areas:An actor network theory analysis[J].Tourism Management,2017(61): 161-172.

[121] Diaz-Villavicencio G,Didonet S R,Dodd A.Influencing factors of eco-efficient urban waste management:Evidence from Spanish municipalities [J].Journal of Cleaner Production,2017(164):1486-1496.

[122] Dong X,Zhang X Y,Zeng S Y.Measuring and explaining eco-efficiencies of wastewater treatment plants in China:An uncertainty analysis perspective[J].Water Research,2017,112:195-207.

[123] Dong S,Xia B,Li F, et al.Spatial-temporal pattern, driving mechanism and optimization policies for embodied carbon emissions transfers in multi-regional tourism:Case study of provinces in China[J].Journal of Cleaner Production,2023(382):1-16.

[124] Hanandeh A E. Quantifying the carbon footprint of religious tourism:The case of Hajj[J].Journal of Cleaner Production,2013(52):53-60.

[125] Lundberg D E, Stavenga M H, Krishnamoorthy M. Tourism Economics[M]. New York:Wiley,1995.

[126] Ewertowska A,Pozo C,Gavalda J,et al.Combined use of life cycle assessment,data envelopment analysis and Monte Carlo simulation for quantifying environmental efficiencies under uncertainty [J]. Journal of Cleaner Production,2017(166):771-783.

[127] Fan J M,Hu S Y,Chen D J,et al.Study on the construction and optimization of a resource-based industrial ecosystem [J]. Resources Conservation and Recycling,2017b(119):97-108.

[128] Fan Y P,Bai B Y,Qiao Q,et al.Study on eco-efficiency of

industrial parks in China based on data envelopment analysis[J].Journal of Environmental Management,2017a(192):107-115.

[129]Fei R L,Lin B Q.The integrated efficiency of inputs-outputs and energy - CO_2 emissions performance of China's agricultural sector [J]. Renewable & Sustainable Energy Reviews,2017(75):668-676.

[130]Feng C,Wang M,Liu G C,et al.Green development performance and its influencing factors: a global perspective [J]. Journal of Cleaner Production,2017(144):323-333.

[131]Forsyth P.The carbon footprint of Australian tourism[J].Journal of Sustainable Tourism,2010,18(3):355-376.

[132] Fragoudaki A, Giokas D. Airport performance in a tourism receiving country: Evidence from Greece [J]. Journal of Air Transport Management,2016(52):80-89.

[133]Godoy-Duran A,Galdeano-Gomez E,Perez-Mesa J C,et al. Assessing eco-efficiency and the determinants of horticultural family farming in southeast Spain[J].Journal of Environmental Management,2017(204): 594-604.

[134]Gomez-Calvet R,Conesa D,Gomez-Calvet A R,et al.On the dynamics of eco - efficiency performance in the European Union [J]. Computers & Operations Research,2016(66):336-350.

[135]Gössling S,Peeters P,Ceron J P,et al.The eco-efficiency of tourism[J].Ecological Economics,2005,54(4):417-434.

[136]Gössling S.National emissions from tourism:an overlooked policy challenge? [J].Energy Policy,2013(59):433-442.

[137]Gössling S,Hansson C B,Hörstmeier O,et al.Ecological footprint analysis as a tool to assess tourism sustainability[J].Ecological Economics, 2002,43(2-3):199-211.

[138]Gouveia M C,Henriques C O, Dias L C.Eco-efficiency changes

of the electricity and gas sectors across 28 European countries: A value-based data envelopment analysis productivity approach[J].Socio-Economic Planning Sciences,2023,87:13.

[139] Grossman G M, Krueger A B.Environmental Impact of a North American Free Trade Agreement[J].Social Science Electronic Publishing, 1991,8(2):233-250.

[140] Huang J, Xia J, Yu Y, et al.Composite eco-efficiency indicators for China based on data envelopment analysis[J].Ecological Indicators,2018 (85):674-697.

[141] Huang J H, Yang X G, Cheng G, et al.A comprehensive eco-efficiency model and dynamics of regional eco-efficiency in China[J]. Journal of Cleaner Production,2014(67):228-238.

[142] Huang Y T, Coelho V R.Sustainability performance assessment focusing on coral reef protection by the tourism industry in the Coral Triangle region[J].Tourism Management,2017(59):510-527.

[143] Huang Z F, Cao F D, Jin C, et al.Carbon emission flow from self-driving tours and its spatial relationship with scenic spots-A traffic-related big data method[J].Journal of Cleaner Production,2017(142):946-955.

[144] WBCSD.Changing Course: A Global Business Perspective on Development and Environment [J]. Foreign Affairs (Council on Foreign Relations),1992,71(4):202.

[145] Katircioglu S T, Feridun M, Kilinc C.Estimating tourism-induced energy consumption and CO_2 emissions: the case of Cyprus[J].Renewable & Sustainable Energy Reviews,2014,29(7):634-640.

[146] Kelly J, Haider W, Williams P W, et al.Stated preferences of tourists for eco-efficient destination planning options[J].Tourism Management, 2007,28(2):377-390.

[147] Khazzom J D.Economic implication of mandated efficiency in

standards for household appliances[J].Economic Journal,1980(4):21-40

[148] Klein - Vielhauer S. Framework model to assess leisure and tourism sustainability[J].Journal of Cleaner Production,2009,17(4):447-454.

[149] Korhonen J,Snakin J P.Quantifying the relationship of resilience and eco - efficiency in complex adaptive energy systems [J]. Ecological Economics,2015(120):83-92.

[150] Korol J,Burchart-Korol D,Pichlak M.Expansion of environmental impact assessment for eco-efficiency evaluation of biocomposites for industrial application[J].Journal of Cleaner Production,2016(113):144-152.

[151] Kulak M,Nemecek T,Frossard E,et al.Eco-efficiency improvement by using integrative design and life cycle assessment:The case study of alternative bread supply chains in France[J].Journal of Cleaner Production,2016(112):2452-2461.

[152] Kuo N-W, Chen P-H. Quantifying energy use,carbon dioxide emission,and other environmental loads from island tourism based on a life cycle assessment approach[J].Journal of Cleaner Production,2009,17(15):1324-1330.

[153] Kuo K C, Lu W M, Kweh Q, et al. Determinants of cargo and eco-efficiencies of global container shipping companies [J]. International Journal of Logistics Management,2020,31(4):753-775.

[154] Kytzia S,Walz A,Wegmann M.How can tourism use land more efficiently? ——A model-based approach to land-use efficiency for tourist destinations[J].Tourism Management,2011,32(3):629-640.

[155] Lam C M,Leng L,Chen P C,et al.Eco-efficiency analysis of non-potable water systems in domestic buildings[J].Applied Energy,2017(202):293-307.

[156] Lee P,Park Y J.Eco-efficiency evaluation considering environmental

stringency[J].Sustainability,2017,9(4):1-18.

[157]Lehni M.Eco-Efficiency.Creating More Value with Less Impact[M]. Geneva WBCSD,2000.

[158]Leiper N. The framework of tourism: Towards a definition of tourism,tourist,and the tourist industry[J]. Annals of Tourism Research, 1979,6(4):390-407.

[159]Lenzen M,Sun Y Y,Faturay F,et al. The carbon footprint of global tourism[J].Nature Climate Change,2018(8):522-528.

[160]Li B,Shi Z,Tian C.Spatio-temporal difference and influencing factors of environmental adaptability measurement of human-sea economic system in Liaoning coastal area[J].Chinese Geographical Science,2018,28(2): 313-324.

[161]Liu J,Zhang J F,Fu Z B.Tourism eco-efficiency of Chinese coastal cities-Analysis based on the DEA-Tobit model[J].Ocean & Coastal Management,2017(148):164-170.

[162]Liu W,Tian J P,Chen L J,et al. Environmental performance analysis of eco-industrial parks in China: A data envelopment analysis approach[J].Journal of Industrial Ecology,2015,19(6):1070-1081.

[163]Lockrey S. A review of life cycle based ecological marketing strategy for new product development in the organization environment[J]. Journal of Cleaner Production,2015(95):1-15.

[164]Long X L,Sun M,Cheng F X,et al.Convergence analysis of eco-efficiency of China's cement manufacturers through unit root test of panel data [J].Energy,2017(134):709-717.

[165]Lucato W C,Costa E M,Neto G C D.The environmental performance of SMEs in the Brazilian textile industry and the relationship with their financial performance[J].Journal of Environmental Management, 2017(203):550-556.

[166]Lu W M, Kweh Q L, Ting I W K, et al. How does stakeholder engagement through environmental, social, and governance affect eco-efficiency and profitability efficiency? —Zooming into Apple Inc.'s counterparts[J]. Business Strategy and the Environment, 2023, 32(1):587-601.

[167]Ma S J, Hu S Y, Chen D J, et al. A case study of a phosphorus chemical firm's application of resource efficiency and eco-efficiency in industrial metabolism under circular economy[J]. Journal of Cleaner Production, 2015(87): 839-849.

[168] Malone S. Responsible tourism: Using tourism for sustainable development[J]. Tourism Management, 2017(63):397-398.

[169] Martin-Gamboa M, Iribarren D, Dufour J. Environmental impact efficiency of natural gas combined cycle power plants: A combined life cycle assessment and dynamic data envelopment analysis approach[J]. Science of the Total Environment, 2018(615):29-37.

[170] Masternak-Janus A, Rybaczewska-Blazejowska M. Comprehensive regional eco-efficiency analysis based on data envelopment analysis[J]. Journal of Industrial Ecology, 2017, 21(1):180-190.

[171] Meng W, Xu L, Hu B, et al. Quantifying direct and indirect carbon dioxide emissions of the Chinese tourism industry [J]. Journal of Cleaner Production, 2016(126):586-594.

[172]Michelsen O, Fet A M, Dahlsrud A. Eco-efficiency in extended supply chains: A case study of furniture production[J]. Journal of Environmental Management, 2006, 79(3):290.

[173] Mickwitz P, Melanen M, Rosenstrom U, et al. Regional eco-efficiency indicators: A participatory approach [J]. Journal of Cleaner Production, 2006, 14(18):1603-1611.

[174]Mosier A, Kroeze C, Nevison C, et al. An overview of the revised 1996 IPCC guidelines for national greenhouse gas inventory methodology for

nitrous oxide from agriculture[J]. Environmental Science & Policy, 1999, 2(3):325-333.

[175] Moutinho V, Madaleno M, Robaina M. The economic and environmental efficiency assessment in EU cross-country:evidence from DEA and quantile regression approach[J]. Ecological Indicators, 2017(78): 85-97.

[176] Munday M, Turner K, Jones C. Accounting for the carbon associated with regional tourism consumption[J]. Tourism Management, 2013,36(3):35-44.

[177] Organiztion W T. UNWTO Annual Report 2016[R]. Madrid: UNWTO,2017.

[178]Pace L A. How do tourism firms innovate for sustainable energy consumption? A capabilities perspective on the adoption of energy efficiency in tourism accommodation establishments[J]. Journal of Cleaner Production, 2016(111):409-420.

[179] Peeters P, Dubois G. Tourism travel under climate change mitigation constraints[J]. Journal of Transport Geography, 2010, 18(3): 447-457.

[180] Peng H S, Zhang J H, Lu L, et al. Eco-efficiency and its determinants at a tourism destination:A case study of Huangshan National Park,China[J]. Tourism Management,2017(60):201-211.

[181] Perch-Nielsen S, Sesartic A, Stucki M. The greenhouse gas intensity of the tourism sector:The case of Switzerland[J]. Environmental Science & Policy,2010,13(2):131-140.

[182]Pereira R P T, Ribeiro G M, Filimonau V. The carbon footprint appraisal of local visitor travel in Brazil:A case of the Rio de Janeiro-Sao Paulo itinerary[J]. Journal of Cleaner Production,2017(141):256-266.

[183]Pesonen H-L, Josko E, Hamalainen S. Improving eco-efficiency

of a swimming hall through customer involvement[J].Journal of Cleaner Production,2013(39):294-302.

[184] Picazo – Tadeo A J, Gomez – Limon J A, Reig – Martinez E. Assessing farming eco-efficiency: A Data Envelopment Analysis approach[J]. Journal of Environmental Management,2011,92(4):1154-1164.

[185] Qiu X P, Fang Y P, Yang X T, et al. Tourism eco-efficiency measurement, characteristics, and its influence factors in China [J]. Sustainability,2017,9(9):1-19.

[186] Ramli N A, Munisamy S, Arabi B. Scale directional distance function and its application to the measurement of eco-efficiency in the manufacturing sector[J]. Annals of Operations Research, 2013, 211 (1): 381-398.

[187] Rebolledo-Leiva R, Angulo-Meza L, Iriarte A, et al. Joint carbon footprint assessment and data envelopment analysis for the reduction of greenhouse gas emissions in agriculture production[J].Science of the Total Environment,2017(593):36-46.

[188] Robaina-Alves M, Moutinho V, Macedo P. A new frontier approach to model the eco-efficiency in European countries[J].Journal of Cleaner Production,2015(103):562-573.

[189] Ruberti M. The chip manufacturing industry: environmental impacts and eco-efficiency analysis[J].Science of the Total Environment, 2023(858):1-11.

[190] Rudonauer I., et al. Integrated environmental and economic assessment of products and process: A model for eco-efficiency analysis[J]. Journal of Industrial Ecology,2005,9(4):105-116.

[191] Scheepens A E, Vogtlander J G, Brezet J C. Two life cycle assessment (LCA) based methods to analyse and design complex (regional) circular economy systems. Case: making water tourism more sustainable[J].

Journal of Cleaner Production, 2016(114):257-268.

[192]Shen J G, Shen J L, Mei T, et al. Landmark reranking for smart travel guide systems by combining and analyzing diverse media[J]. Ieee Transactions on Systems Man Cybernetics-Systems, 2016, 46(11):1492-1504.

[193] Shi Y., et al. The ecosycterm service value as a new eco-efficiency indicator for industrias parks[J]. Journal of Cleaner Production, 2017(164):597-605.

[194] Strasburg V J, Jahno V D. Application of eco-efficiency in the assessment of raw materials consumed by university restaurants in Brazil: A case study[J]. Journal of Cleaner Production, 2017(161):178-187.

[195]Suh S, Lee K M, Ha S. Eco-efficiency for pollution prevention in small to medium-sized enterprises: a case from South Korea[J]. Journal of Industrial Ecology, 2010, 9(4):223-240.

[196] Sun Y Y. Decomposition of tourism greenhouse gas emissions: revealing the dynamics between tourism economic growth, technological efficiency, and carbon emissions[J]. Tourism Management, 2016(55):326-336.

[197] Templet P H. Energy, diversity and development in economic systems: An empirical analysis[J]. Ecological Economics, 1999, 30(2):223-233.

[198] Tepelus C M, Cordoba R C. Recognition schemes in tourism—from "eco" to "sustainability"?[J]. Journal of Cleaner Production, 2005, 13(2):135-140.

[199]Tsai K T, Lin T P, Hwang R L, et al. Carbon dioxide emissions generated by energy consumption of hotels and homestay facilities in Taiwan[J]. Tourism Management, 2014(42):13-21.

[200] Vasquez J, Aguirre S, Fuquene-Retamoso C E, et al. A

conceptual framework for the eco－efficiency assessment of small－and medium－sized enterprises[J].Journal of Cleaner Production,2019,237(8):117660.

[201]Vlontzos G,Pardalos P M.Assess and prognosticate green house gas emissions from agricultural production of EU countries,by implementing,DEA Window analysis and artificial neural networks[J].Renewable & Sustainable Energy Reviews,2017(76):155-162.

[202]Wang J,Zhao T.Regional energy－environmental performance and investment strategy for China's non－ferrous metals industry:A non－radial DEA based analysis[J].Journal of Cleaner Production,2017b(163):187-201.

[203]Wang F,Wu M,Du X Y.Does industrial upgrading improve eco－efficiency? Evidence from China's industrial sector[J].Energy Economics,2023(124):1-17.

[204]Wang Q S,Sun Y,Yuan X L,et al.Addressing the efficiency of the core ecological industrial chain:A DEA approach[J].Journal of Cleaner Production,2017a(156):235-243.

[205]Wang W,Jiang D,Chen D,et al. A Material Flow Analysis (MFA)－based potential analysis of eco－efficiency indicators of China's cement and cement－based materials industry[J].Journal of Cleaner Production,2016,112(Part 1):787-796.

[206]Wang X N,Xiao Z.Regional eco－efficiency prediction with Support Vector Spatial Dynamic MIDAS[J].Journal of Cleaner Production,2017(161):165-177.

[207]Xia B,Dong S,Ba D,et al.Research on the spatial differentiation and driving factors of tourism enterprises' efficiency:Chinese scenic spots,travel agencies,and hotels[J].Sustainability,2018,10(4):1-22.

[208]Xia B,Dong S C,et al.Eco－efficiency and Its Drivers in Tourism

Sectors with Respect to Carbon Emissions from the Supply Chain:An Integrated EEIO and DEA Approach[J].International Journal of Environmental Research and Public Health,2022(19):6951.

[209] Yang G H,Li P,Zheng B A,et al.GHG emission-based eco-efficiency study on tourism itinerary products in Shangri - La, Yunnan Province,China[J].Current Issues in Tourism,2008,11(6):604-622.

[210] Yang L,Tang K,Wang Z H,et al.Regional eco-efficiency and pollutants' marginal abatement costs in China:A parametric approach [J]. Journal of Cleaner Production,2017(167):619-629.

[211] Yang W C,Lee Y M,Hu J L.Urban sustainability assessment of Taiwan based on data envelopment analysis[J]. Renewable & Sustainable Energy Reviews,2016(61):341-353.

[212] Yuan B L,Ren S G,Chen X H.Can environmental regulation promote the coordinated development of economy and environment in China's manufacturing industry? —A panel data analysis of 28 sub-sectors [J]. Journal of Cleaner Production,2017(149):11-24.

[213] Yue S J,Yang Y,Pu Z G.Total-factor ecology efficiency of regions in China[J].Ecological Indicators,2017(73):284-292.

[214] Zhang J.Weighing and realizing the environmental,economic and social goals of tourism development using an analytic network process-goal programming approach[J].Journal of Cleaner Production,2016(127):262-273.

[215] Zhang J.Evaluating regional low-carbon tourism strategies using the fuzzy Delphi-analytic network process approach[J].Journal of Cleaner Production,2017(141):409-419.

[216] Zhang J X,Liu Y M,Chang Y,et al.Industrial eco-efficiency in China:A provincial quantification using three-stage data envelopment analysis[J]. Journal of Cleaner Production,2017a(143):238-249.

［217］Zhang L J,Botti L,Petit S.Destination performance:Introducing the utility function in the mean-variance space[J].Tourism Management,2016(52):123-132.

［218］Zhang L X, Hao Y, Chang Y, et al. Emergy based resource intensities of industry sectors in China[J].Journal of Cleaner Production,2017b(142):829-836.

［219］Zhang N, Chen Z F. Sustainability characteristics of China's Poyang Lake Eco-Economics Zone in the big data environment[J].Journal of Cleaner Production,2017(142):642-653.

［220］Zhou H B, Yang Y, Chen Y, et al. Data envelopment analysis application in sustainability:the origins,development and future directions[J]. European Journal of Operational Research,2018,264(1):1-16.

［221］Zhu S,Jiang Z G,Zhang H,et al.A carbon efficiency evaluation method for manufacturing process chain decision - making [J]. Journal of Cleaner Production,2017(148):665-680.

附　录

张掖七彩丹霞景区游客调查问卷

1. 您的性别

☐男 ☐女

2. 您的年龄

☐14 岁以下 ☐15~24 岁 ☐25~44 岁 ☐45~60 岁

☐61~70 岁 ☐71 岁以上

3. 您的职业

☐公务员 ☐企事业管理人员

☐服务人员 ☐工人 ☐农民 ☐军人

☐离退休人员 ☐学生 ☐其他

4. 您的受教育程度

☐小学以下 ☐初中 ☐高中/中专 ☐专科

☐本科 ☐硕士以上

5. 您的家庭人均月收入

☐500 元以下 ☐501~1000 元 ☐1001~2000 元 ☐2001~3000 元

☐3001~4000 元 ☐4001~5000 元 ☐5001~6000 元 ☐6001~7000 元

☐7001~8000 元 ☐8001 元以上

6. 您来自＿＿＿＿＿＿省(自治区、直辖市)＿＿＿＿＿＿市

7. 您本次旅游的方式是

☐个人自助游　　　　　　　☐家庭或与亲朋结伴自助游

☐单位组织　　　　　　　　☐旅行社组织

8. 您本次在张掖七彩丹霞景区及附近停留的时间是

☐不在此过夜　　☐1 夜　　　　☐2 夜　　　　☐3 夜

☐4 夜　　　　　☐5 夜以上

9. 您在张掖七彩丹霞景区内停留时间是

☐1 小时以下　　☐2 小时　　　☐3 小时　　　☐4 小时

☐5 小时　　　　☐6 小时以上

10. 您对旅游绿色消费是否了解?

☐非常了解　　　☐了解　　　　☐一般　　　　☐不太了解

☐完全不了解

11. 您是否支持景区绿色可持续发展?

☐非常支持　　　☐支持　　　　☐一般　　　　☐反对

☐非常反对

12. 您愿意为景区生态环境保护的投资额外支付多少?

☐不愿意额外支付　　　　　☐20 元以内

☐21~50 元　　　　　　　　☐51~100 元

☐101 元以上

13. 您在景区内的交通方式是(可以多选)

☐步行　　　　　☐电瓶车　　　☐其他

14. 您参与的景区游乐项目有(可以多选)

☐驼队观景　　　☐三角翼　　　☐动力伞　　　☐直升机

☐热气球　　　　☐其他

15. 除了门票, 您此次在张掖七彩丹霞景区内花费了多少元?

☐50 元以下　　☐51~100 元　　☐101~200 元　　☐201~300 元

☐301~400 元　☐401~500 元　☐501~600 元　☐601~700 元

☐701~800 元　☐801~900 元　☐901~1000 元　☐1001~2000 元

☐2001 元以上